ROMANIAN
VOCABULARY

FOR ENGLISH SPEAKERS

ENGLISH-ROMANIAN

The most useful words
To expand your lexicon and sharpen
your language skills

3000 words

Romanian vocabulary for English speakers - 3000 words
By Andrey Taranov

T&P Books vocabularies are intended for helping you learn, memorize and review foreign words. The dictionary is divided into themes, covering all major spheres of everyday activities, business, science, culture, etc.

The process of learning words using T&P Books' theme-based dictionaries gives you the following advantages:

- Correctly grouped source information predetermines success at subsequent stages of word memorization
- Availability of words derived from the same root allowing memorization of word units (rather than separate words)
- Small units of words facilitate the process of establishing associative links needed for consolidation of vocabulary
- Level of language knowledge can be estimated by the number of learned words

Copyright © 2014 T&P Books Publishing

All rights reserved No part of this book may be reproduced or utilized in any form or by any means, electronic or mechanical, including photocopying, recording or by information storage and retrieval system, without permission in writing from the publishers.

T&P Books Publishing
www.tpbooks.com

ISBN: 978-1-78071-720-3

This book is also available in E-book formats.
Please visit www.tpbooks.com or the major online bookstores.

ROMANIAN VOCABULARY
for English speakers

T&P Books vocabularies are intended to help you learn, memorize, and review foreign words. The vocabulary contains over 3000 commonly used words arranged thematically.

- Vocabulary contains the most commonly used words
- Recommended as an addition to any language course
- Meets the needs of beginners and advanced learners of foreign languages
- Convenient for daily use, revision sessions, and self-testing activities
- Allows you to assess your vocabulary

Special features of the vocabulary

- Words are organized according to their meaning, not alphabetically
- Words are presented in three columns to facilitate the reviewing and self-testing processes
- Words in groups are divided into small blocks to facilitate the learning process
- The vocabulary offers a convenient and simple transcription of each foreign word

The vocabulary has 101 topics including:

Basic Concepts, Numbers, Colors, Months, Seasons, Units of Measurement, Clothing & Accessories, Food & Nutrition, Restaurant, Family Members, Relatives, Character, Feelings, Emotions, Diseases, City, Town, Sightseeing, Shopping, Money, House, Home, Office, Working in the Office, Import & Export, Marketing, Job Search, Sports, Education, Computer, Internet, Tools, Nature, Countries, Nationalities and more ...

T&P BOOKS' THEME-BASED DICTIONARIES

The Correct System for Memorizing Foreign Words

Acquiring vocabulary is one of the most important elements of learning a foreign language, because words allow us to express our thoughts, ask questions, and provide answers. An inadequate vocabulary can impede communication with a foreigner and make it difficult to understand a book or movie well.

The pace of activity in all spheres of modern life, including the learning of modern languages, has increased. Today, we need to memorize large amounts of information (grammar rules, foreign words, etc.) within a short period. However, this does not need to be difficult. All you need to do is to choose the right training materials, learn a few special techniques, and develop your individual training system.

Having a system is critical to the process of language learning. Many people fail to succeed in this regard; they cannot master a foreign language because they fail to follow a system comprised of selecting materials, organizing lessons, arranging new words to be learned, and so on. The lack of a system causes confusion and eventually, lowers self-confidence.

T&P Books' theme-based dictionaries can be included in the list of elements needed for creating an effective system for learning foreign words. These dictionaries were specially developed for learning purposes and are meant to help students effectively memorize words and expand their vocabulary.

Generally speaking, the process of learning words consists of three main elements:

- Reception (creation or acquisition) of a training material, such as a word list
- Work aimed at memorizing new words
- Work aimed at reviewing the learned words, such as self-testing

All three elements are equally important since they determine the quality of work and the final result. All three processes require certain skills and a well-thought-out approach.

New words are often encountered quite randomly when learning a foreign language and it may be difficult to include them all in a unified list. As a result, these words remain written on scraps of paper, in book margins, textbooks, and so on. In order to systematize such words, we have to create and continually update a "book of new words." A paper notebook, a netbook, or a tablet PC can be used for these purposes.

This "book of new words" will be your personal, unique list of words. However, it will only contain the words that you came across during the learning process. For example, you might have written down the words "Sunday," "Tuesday," and "Friday." However, there are additional words for days of the week, for example, "Saturday," that are missing, and your list of words would be incomplete. Using a theme dictionary, in addition to the "book of new words," is a reasonable solution to this problem.

The theme-based dictionary may serve as the basis for expanding your vocabulary.

It will be your big "book of new words" containing the most frequently used words of a foreign language already included. There are quite a few theme-based dictionaries available, and you should ensure that you make the right choice in order to get the maximum benefit from your purchase.

Therefore, we suggest using theme-based dictionaries from T&P Books Publishing as an aid to learning foreign words. Our books are specially developed for effective use in the sphere of vocabulary systematization, expansion and review.

Theme-based dictionaries are not a magical solution to learning new words. However, they can serve as your main database to aid foreign-language acquisition. Apart from theme dictionaries, you can have copybooks for writing down new words, flash cards, glossaries for various texts, as well as other resources; however, a good theme dictionary will always remain your primary collection of words.

T&P Books' theme-based dictionaries are specialty books that contain the most frequently used words in a language.

The main characteristic of such dictionaries is the division of words into themes. For example, the *City* theme contains the words "street," "crossroads," "square," "fountain," and so on. The *Talking* theme might contain words like "to talk," "to ask," "question," and "answer".

All the words in a theme are divided into smaller units, each comprising 3–5 words. Such an arrangement improves the perception of words and makes the learning process less tiresome. Each unit contains a selection of words with similar meanings or identical roots. This allows you to learn words in small groups and establish other associative links that have a positive effect on memorization.

The words on each page are placed in three columns: a word in your native language, its translation, and its transcription. Such positioning allows for the use of techniques for effective memorization. After closing the translation column, you can flip through and review foreign words, and vice versa. "This is an easy and convenient method of review – one that we recommend you do often."

Our theme-based dictionaries contain transcriptions for all the foreign words. Unfortunately, none of the existing transcriptions are able to convey the exact nuances of foreign pronunciation. That is why we recommend using the transcriptions only as a supplementary learning aid. Correct pronunciation can only be acquired with the help of sound. Therefore our collection includes audio theme-based dictionaries.

The process of learning words using T&P Books' theme-based dictionaries gives you the following advantages:

- You have correctly grouped source information, which predetermines your success at subsequent stages of word memorization
- Availability of words derived from the same root (lazy, lazily, lazybones), allowing you to memorize word units instead of separate words
- Small units of words facilitate the process of establishing associative links needed for consolidation of vocabulary
- You can estimate the number of learned words and hence your level of language knowledge
- The dictionary allows for the creation of an effective and high-quality revision process
- You can revise certain themes several times, modifying the revision methods and techniques
- Audio versions of the dictionaries help you to work out the pronunciation of words and develop your skills of auditory word perception

The T&P Books' theme-based dictionaries are offered in several variants differing in the number of words: 1.500, 3.000, 5.000, 7.000, and 9.000 words. There are also dictionaries containing 15,000 words for some language combinations. Your choice of dictionary will depend on your knowledge level and goals.

We sincerely believe that our dictionaries will become your trusty assistant in learning foreign languages and will allow you to easily acquire the necessary vocabulary.

TABLE OF CONTENTS

T&P Books' Theme-Based Dictionaries	4
Pronunciation guide	11
Abbreviations	13

BASIC CONCEPTS 14

1. Pronouns — 14
2. Greetings. Salutations — 14
3. Questions — 15
4. Prepositions — 15
5. Function words. Adverbs. Part 1 — 16
6. Function words. Adverbs. Part 2 — 18

NUMBERS. MISCELLANEOUS 19

7. Cardinal numbers. Part 1 — 19
8. Cardinal numbers. Part 2 — 20
9. Ordinal numbers — 20

COLOURS. UNITS OF MEASUREMENT 22

10. Colors — 22
11. Units of measurement — 23
12. Containers — 24

MAIN VERBS 25

13. The most important verbs. Part 1 — 25
14. The most important verbs. Part 2 — 26
15. The most important verbs. Part 3 — 26
16. The most important verbs. Part 4 — 28

TIME. CALENDAR 29

17. Weekdays — 29
18. Hours. Day and night — 29
19. Months. Seasons — 30

TRAVEL. HOTEL 33

20. Trip. Travel 33
21. Hotel 34
22. Sightseeing 34

TRANSPORTATION 36

23. Airport 36
24. Airplane 37
25. Train 38
26. Ship 39

CITY 41

27. Urban transportation 41
28. City. Life in the city 42
29. Urban institutions 43
30. Signs 44
31. Shopping 46

CLOTHING & ACCESSORIES 47

32. Outerwear. Coats 47
33. Men's & women's clothing 47
34. Clothing. Underwear 48
35. Headwear 48
36. Footwear 48
37. Personal accessories 49
38. Clothing. Miscellaneous 49
39. Personal care. Cosmetics 50
40. Watches. Clocks 51

EVERYDAY EXPERIENCE 52

41. Money 52
42. Post. Postal service 53
43. Banking 54
44. Telephone. Phone conversation 55
45. Mobile telephone 55
46. Stationery 56
47. Foreign languages 56

MEALS. RESTAURANT 58

48. Table setting 58

49.	Restaurant	58
50.	Meals	59
51.	Cooked dishes	59
52.	Food	60
53.	Drinks	62
54.	Vegetables	63
55.	Fruits. Nuts	64
56.	Bread. Candy	65
57.	Spices	65

PERSONAL INFORMATION. FAMILY 67

58.	Personal information. Forms	67
59.	Family members. Relatives	67
60.	Friends. Coworkers	68

HUMAN BODY. MEDICINE 70

61.	Head	70
62.	Human body	71
63.	Diseases	72
64.	Symptoms. Treatments. Part 1	73
65.	Symptoms. Treatments. Part 2	74
66.	Symptoms. Treatments. Part 3	75
67.	Medicine. Drugs. Accessories	76

APARTMENT 77

68.	Apartment	77
69.	Furniture. Interior	77
70.	Bedding	78
71.	Kitchen	78
72.	Bathroom	79
73.	Household appliances	80

THE EARTH. WEATHER 82

74.	Outer space	82
75.	The Earth	83
76.	Cardinal directions	84
77.	Sea. Ocean	84
78.	Seas' and Oceans' names	85
79.	Mountains	86
80.	Mountains names	87
81.	Rivers	87
82.	Rivers' names	88
83.	Forest	89

84.	Natural resources	90
85.	Weather	91
86.	Severe weather. Natural disasters	92

FAUNA 93

87.	Mammals. Predators	93
88.	Wild animals	93
89.	Domestic animals	95
90.	Birds	96
91.	Fish. Marine animals	97
92.	Amphibians. Reptiles	98
93.	Insects	98

FLORA 100

94.	Trees	100
95.	Shrubs	101
96.	Fruits. Berries	101
97.	Flowers. Plants	102
98.	Cereals, grains	103

COUNTRIES OF THE WORLD 104

99.	Countries. Part 1	104
100.	Countries. Part 2	105
101.	Countries. Part 3	106

PRONUNCIATION GUIDE

Letter	Romanian example	T&P phonetic alphabet	English example

Vowels

Letter	Romanian example	T&P phonetic alphabet	English example
A a	apă	[a]	shorter than in ask
Ă ă	fără	[ə]	driver, teacher
Â â	atât	[ɨ]	big, America
E e	elev	[e]	elm, medal
I i	idol	[i]	shorter than in feet
I i	iod	[j]	yes, New York
I i [1]	marți	[j]	yes, New York
I i [2]	a vorbi	[i]	shorter than in feet
Î î	înapoi	[ɨ]	big, America
O o	om	[o]	pod, John
U u	umor	[u]	book

Consonants

Letter	Romanian example	T&P phonetic alphabet	English example
B b	bomboană	[b]	baby, book
C c [3]	cheie	[k]	clock, kiss
C c [4]	cioară	[tʃ]	church, French
D d	drum	[d]	day, doctor
F f	foarfece	[f]	face, food
G g [5]	ghem	[g]	game, gold
G g [6]	geniu	[dʒ]	joke, general
H h	heliu	[h]	huge, hat
J j	joc	[ʒ]	forge, pleasure
K k	kiwi	[k]	clock, kiss
L l	lună	[l]	lace, people
M m	masă	[m]	magic, milk
N n	noapte	[n]	name, normal
P p	papagal	[p]	pencil, private
R r	reparație	[r]	rice, radio
S s	semafor	[s]	city, boss

Letter	Romanian example	T&P phonetic alphabet	English example
Ş ş	şcoală	[ʃ]	machine, shark
T t	tren	[t]	tourist, trip
Ţ ţ	ţânţar	[ts]	cats, tsetse fly
V v	vânt	[v]	very, river
X x	xenon	[ks]	box, taxi
Z z	zi	[z]	zebra, please

Combinations of letters

ce	cec	[tʃe]	cherry
ci	cină	[tʃi:]	cheese
che	chenar	[ke]	kettle, careful
chi	China	[ki:]	keel, greed
ge	ger	[dʒe]	to reject, jelly
gi	gingaş	[dʒi:]	jam, gin
ghe	ghete	[ge]	get, guest
ghi	ghiocel	[gi]	gear, gift

Comments

* Letters Qq, Ww, Yy used in foreign words only
[1] at the end of multi-syllable words i palatizes the precending consonant
[2] at the end of verb infinitives, in combination ri at the end of words and
[3] in combinations chi and che
[4] before e and i
[5] in combinations ghi and ghe
[6] before e and i

ABBREVIATIONS
used in the vocabulary

ab.	-	about
adj	-	adjective
adv	-	adverb
anim.	-	animate
as adj	-	attributive noun used as adjective
e.g.	-	for example
etc.	-	et cetera
fam.	-	familiar
fem.	-	feminine
form.	-	formal
inanim.	-	inanimate
masc.	-	masculine
math	-	mathematics
mil.	-	military
n	-	noun
pl	-	plural
pron.	-	pronoun
sb	-	somebody
sing.	-	singular
sth	-	something
v aux	-	auxiliary verb
vi	-	intransitive verb
vi, vt	-	intransitive, transitive verb
vt	-	transitive verb
m	-	masculine noun
f	-	feminine noun
m pl	-	masculine plural
f pl	-	feminine plural
n pl	-	neuter plural

T&P Books. Romanian vocabulary for English speakers - 3000 words

BASIC CONCEPTS

1. Pronouns

I, me	eu	[eu]
you	tu	[tu]
he	el	[el]
she	ea	[ja]
we	noi	[′noj]
you (to a group)	voi	[′voj]
they (masc.)	ei	[′ej]
they (fem.)	ele	[′ele]

2. Greetings. Salutations

Hello! (fam.)	Bună ziua!	[′bunə ′ziua]
Hello! (form.)	Bună ziua!	[′bunə ′ziua]
Good morning!	Bună dimineața!	[′bunə dimi′ɲatsa]
Good afternoon!	Bună ziua!	[′bunə ′ziua]
Good evening!	Bună seara!	[′bunə ′sʲara]
to say hello	a se saluta	[a se salu′ta]
Hi! (hello)	Salut!	[sa′lut]
greeting (n)	salut (n)	[sa′lut]
to greet (vt)	a saluta	[a salu′ta]
How are you?	Ce mai faci?	[tʃe maj ′fatʃ]
What's new?	Ce mai e nou?	[tʃe maj e ′nou]
Bye-Bye! Goodbye!	La revedere!	[la rewe′dere]
See you soon!	Pe curând!	[pe ku′rɨnd]
Farewell! (to a friend)	Rămâi cu bine!	[rə′mɨj ku ′bine]
Farewell (form.)	Rămâneți cu bine!	[rəmɨ′nets ku ′bine]
to say goodbye	a-și lua rămas bun	[aʃ lu′a rə′mas bun]
So long!	Pa!	[pa]
Thank you!	Mulțumesc!	[multsu′mesk]
Thank you very much!	Mulțumesc mult!	[multsu′mesk mult]
You're welcome	Cu plăcere	[ku ple′tʃere]
Don't mention it!	Pentru puțin	[′pentru pu′tsin]
It was nothing	Pentru puțin	[′pentru pu′tsin]
Excuse me! (fam.)	Scuză-mă!	[′skuzəmə]
Excuse me! (form.)	Scuzați-mă!	[sku′zatsimə]

to excuse (forgive)	a scuza	[a sku'za]
to apologize (vi)	a cere scuze	[a 't͡ʃere 'skuze]
My apologies	Cer scuze	[t͡ʃer 'skuze]
I'm sorry!	Lertați-mă!	[er'tat͡sime]
to forgive (vt)	a ierta	[a er'ta]
please (adv)	vă rog, vă rugăm	[və rog], [və ru'gəm]
Don't forget!	Nu uitați!	[nu uj'tat͡s]
Certainly!	Desigur!	[de'sigur]
Of course not!	Desigur ca nu!	[de'sigur kə nu]
Okay! (I agree)	Sunt de acord!	[sunt de a'kord]
That's enough!	Ajunge!	[a'ʒundʒe]

3. Questions

Who?	Cine?	['t͡ʃine]
What?	Ce?	[t͡ʃe]
Where? (at, in)	Unde?	['unde]
Where (to)?	Unde?	['unde]
From where?	De unde?	[de 'unde]
When?	Când?	[kɪnd]
Why? (What for?)	Pentru ce?	['pentru t͡ʃe]
Why? (reason)	De ce?	[de t͡ʃe]
What for?	Pentru ce?	['pentru t͡ʃe]
How? (in what way)	Cum?	[kum]
What? (What kind of ...?)	Care?	['kare]
Which?	Care?	['kare]
To whom?	Cui?	[kuj]
About whom?	Despre cine?	['despre 't͡ʃine]
About what?	Despre ce?	['despre t͡ʃe]
With whom?	Cu cine?	[ku 't͡ʃine]
How many?	Cât? Câtă?	[kɪt 'kɪtə]
How much?	Câți? Câte?	[kɪt͡s 'kɪte]
Whose?	Al cui?	['al kuj]
Whose? (fem.)	A cui?	[a kuj]
Whose? (pl)	Ai cui?, Ale cui?	[aj kuj 'ale kuj]

4. Prepositions

with (accompanied by)	cu	[ku]
without	fără	[fərə]
to (indicating direction)	la	[la]
about (talking ~ ...)	despre	['despre]
before (in time)	înainte de	[ɪna'ɪnte de]
in front of ...	înaintea	[ɪna'ɪnt'a]

under (beneath, below)	sub	[sub]
above (over)	deasupra	[dʲaˈsupra]
on (atop)	pe	[pe]
from (off, out of)	din	[din]
of (made from)	din	[din]

in (e.g., ~ ten minutes)	peste	[ˈpeste]
over (across the top of)	prin	[prin]

5. Function words. Adverbs. Part 1

Where? (at, in)	Unde?	[ˈunde]
here (adv)	aici	[aˈitʃ]
there (adv)	acolo	[aˈkolo]

somewhere (to be)	undeva	[undeˈva]
nowhere (not anywhere)	nicăieri	[nikəˈerʲ]

by (near, beside)	lângă ...	[ˈlɨŋə]
by the window	lângă fereastră	[ˈlɨŋə feˈrʲastrə]

Where (to)?	Unde?	[ˈunde]
here (e.g., come ~!)	aici	[aˈitʃ]
there (e.g., to go ~)	acolo	[aˈkolo]
from here (adv)	de aici	[de aˈitʃ]
from there (adv)	de acolo	[de aˈkolo]

close (adv)	aproape	[aproˈape]
far (adv)	departe	[deˈparte]

near (e.g., ~ Paris)	alături	[aˈləturʲ]
nearby (adv)	alături	[aˈləturʲ]
not far (adv)	aproape	[aproˈape]

left (adj)	stâng	[stɨŋ]
on the left	din stânga	[din ˈstɨŋa]
to the left	la, în stânga	[la] / [ɨn ˈstɨŋa]

right (adj)	drept	[drept]
on the right	din dreapta	[din ˈdrʲapta]
to the right	la, în dreapta	[la] / [ɨn ˈdrʲapta]

in front (adv)	în față	[ɨn ˈfatsə]
front (as adj)	din față	[din ˈfatsə]
ahead (look ~)	înainte	[ɨnaˈinte]

behind (adv)	în urmă	[ɨn ˈurmə]
from behind	din spate	[din ˈspate]
back (towards the rear)	înapoi	[ɨnaˈpoj]
middle	mijloc (n)	[ˈmiʒlok]

in the middle	la mijloc	[la ˈmiʒlok]
at the side	dintr-o parte	[ˈdintro ˈparte]
everywhere (adv)	peste tot	[ˈpeste tot]
around (in all directions)	în jur	[ɨn ʒur]

from inside	dinăuntru	[dinəˈuntru]
somewhere (to go)	undeva	[undeˈva]
straight (directly)	direct	[diˈrekt]
back (e.g., come ~)	înapoi	[ɨnaˈpoj]

| from anywhere | de undeva | [de undeˈva] |
| from somewhere | de undeva | [de undeˈva] |

firstly (adv)	în primul rând	[ɨn ˈprimul rɨnd]
secondly (adv)	în al doilea rând	[ɨn al ˈdojʎa rɨnd]
thirdly (adv)	în al treilea rând	[ɨn al ˈtrejʎa rɨnd]

suddenly (adv)	deodată	[deoˈdatə]
at first (adv)	la început	[la ɨntʃeˈput]
for the first time	prima dată	[ˈprima ˈdatə]
long before ...	cu mult timp înainte de ...	[ku mult timp ɨnaˈinte de]
anew (over again)	din nou	[din ˈnou]
for good (adv)	pentru totdeauna	[ˈpentru totdʲaˈuna]

never (adv)	niciodată	[nitʃoˈdatə]
again (adv)	iarăşi	[ˈjarəʃ]
now (adv)	acum	[aˈkum]
often (adv)	des	[des]
then (adv)	atunci	[aˈtuntʃ]
urgently (quickly)	urgent	[urˈdʒent]
usually (adv)	de obicei	[de obiˈtʃej]

by the way, ...	apropo	[aproˈpo]
possible (that is ~)	posibil	[poˈsibil]
probably (adv)	probabil	[proˈbabil]
maybe (adv)	poate	[poˈate]
besides ...	în afară de aceasta, ...	[ɨn aˈfare de aˈtʃasta]
that's why ...	de aceea	[de aˈtʃeja]
in spite of ...	deşi ...	[deˈʃi]
thanks to ...	datorită ...	[datoˈritə]

what (pron.)	ce	[tʃe]
that (conj.)	că	[kə]
something	ceva	[tʃeˈva]
anything (something)	ceva	[tʃeˈva]
nothing	nimic	[niˈmik]

who (pron.)	cine	[ˈtʃine]
someone	cineva	[tʃineˈva]
somebody	cineva	[tʃineˈva]
nobody	nimeni	[ˈnimenʲ]

nowhere (a voyage to ~)	nicăieri	[nikə'erʲ]
nobody's	al nimănui	[al nimə'nuj]
somebody's	al cuiva	[al kuj'va]

so (I'm ~ glad)	aşa	[a'ʃa]
also (as well)	de asemenea	[de a'semeɲa]
too (as well)	la fel	[la fel]

6. Function words. Adverbs. Part 2

Why?	De ce?	[de ʧe]
for some reason	nu se ştie de ce	[nu se 'ʃtie de ʧe]
because ...	pentru că ...	['pentru kə]
for some purpose	cine ştie pentru ce	['ʧine 'ʃtie 'pentru ʧe]
and	şi	[ʃi]
or	sau	['sau]
but	dar	[dar]
for (e.g., ~ me)	pentru	['pentru]

too (~ many people)	prea	[prʲa]
only (exclusively)	numai	['numaj]
exactly (adv)	exact	[ek'zakt]
about (more or less)	vreo	['vrəo]

approximately (adv)	aproximativ	[aproksima'tiv]
approximate (adj)	aproximativ	[aproksima'tiv]
almost (adv)	aproape	[apro'ape]
the rest	restul	['restul]

each (adj)	fiecare	[fie'kare]
any (no matter which)	oricare	[orʲ'kare]
many, much (a lot of)	mult	[mult]
many people	mulţi	[mulʦ]
all (everyone)	toţi	[toʦ]

in return for ...	în schimb la ...	[ɨn 'skimb la]
in exchange (adv)	în schimbul	[ɨn 'skimbul]
by hand (made)	manual	[manu'al]
hardly (negative opinion)	puţin probabil	[pu'ʦin pro'babil]

probably (adv)	probabil	[pro'babil]
on purpose (adv)	intenţionat	[intenʦio'nat]
by accident (adv)	întâmplător	[ɨntɨmplə'tor]

very (adv)	foarte	[fo'arte]
for example (adv)	de exemplu	[de ek'zemplu]
between	între	['ɨntre]
among	printre	['printre]
so much (such a lot)	atât	[a'tɨt]
especially (adv)	mai ales	[maj a'les]

NUMBERS. MISCELLANEOUS

7. Cardinal numbers. Part 1

0 zero	zero	['zero]
1 one	unu	['unu]
2 two	doi	[doj]
3 three	trei	[trej]
4 four	patru	['patru]
5 five	cinci	[ʧinʧ]
6 six	şase	['ʃase]
7 seven	şapte	['ʃapte]
8 eight	opt	[opt]
9 nine	nouă	['nouə]
10 ten	zece	['zeʧe]
11 eleven	unsprezece	['unsprezeʧe]
12 twelve	doisprezece	['dojsprezeʧe]
13 thirteen	treisprezece	['trejsprezeʧe]
14 fourteen	paisprezece	['pajsprezeʧe]
15 fifteen	cincisprezece	['ʧinʧsprezeʧe]
16 sixteen	şaisprezece	['ʃajsprezeʧe]
17 seventeen	şaptesprezece	['ʃaptesprezeʧe]
18 eighteen	optsprezece	['optsprezeʧe]
19 nineteen	nouăsprezece	['nouəsprezeʧe]
20 twenty	douăzeci	[douə'zeʧ]
21 twenty-one	douăzeci şi unu	[douə'zeʧ ʃi 'unu]
22 twenty-two	douăzeci şi doi	[douə'zeʧ ʃi doj]
23 twenty-three	douăzeci şi trei	[douə'zeʧ ʃi trej]
30 thirty	treizeci	[trej'zeʧ]
31 thirty-one	treizeci şi unu	[trej'zeʧ ʃi 'unu]
32 thirty-two	treizeci şi doi	[trej'zeʧ ʃi doj]
33 thirty-three	treizeci şi trei	[trej'zeʧ ʃi trej]
40 forty	patruzeci	[patru'zeʧ]
41 forty-one	patruzeci şi unu	[patru'zeʧ ʃi 'unu]
42 forty-two	patruzeci şi doi	[patru'zeʧ ʃi doj]
43 forty-three	patruzeci şi trei	[patru'zeʧ ʃi trej]
50 fifty	cincizeci	[ʧinʧ'zeʧ]
51 fifty-one	cincizeci şi unu	[ʧinʧ'zeʧ ʃi 'unu]
52 fifty-two	cincizeci şi doi	[ʧinʧ'zeʧ ʃi doj]

53 fifty-three	cincizeci și trei	[ʧinʧˈzeʧ ʃi trej]
60 sixty	șaizeci	[ʃajˈzeʧ]
61 sixty-one	șaizeci și unu	[ʃajˈzeʧ ʃi ˈunu]
62 sixty-two	șaizeci și doi	[ʃajˈzeʧ ʃi doj]
63 sixty-three	șaizeci și trei	[ʃajˈzeʧ ʃi trej]
70 seventy	șaptezeci	[ʃapteˈzeʧ]
71 seventy-one	șaptezeci și unu	[ʃapteˈzeʧ ʃi ˈunu]
72 seventy-two	șaptezeci și doi	[ʃapteˈzeʧ ʃi doj]
73 seventy-three	șaptezeci și trei	[ʃapteˈzeʧ ʃi trej]
80 eighty	optzeci	[optˈzeʧ]
81 eighty-one	optzeci și unu	[optˈzeʧ ʃi ˈunu]
82 eighty-two	optzeci și doi	[optˈzeʧ ʃi doj]
83 eighty-three	optzeci și trei	[optˈzeʧ ʃi trej]
90 ninety	nouăzeci	[nouəˈzeʧ]
91 ninety-one	nouăzeci și unu	[nouəˈzeʧ ʃi ˈunu]
92 ninety-two	nouăzeci și doi	[nouəˈzeʧ ʃi doj]
93 ninety-three	nouăzeci și trei	[nouəˈzeʧ ʃi trej]

8. Cardinal numbers. Part 2

100 one hundred	o sută	[o ˈsutə]
200 two hundred	două sute	[ˈdouə ˈsute]
300 three hundred	trei sute	[trej ˈsute]
400 four hundred	patru sute	[ˈpatru ˈsute]
500 five hundred	cinci sute	[ʧinʧ ˈsute]
600 six hundred	șase sute	[ˈʃase ˈsute]
700 seven hundred	șapte sute	[ˈʃapte ˈsute]
800 eight hundred	opt sute	[opt ˈsute]
900 nine hundred	nouă sute	[ˈnouə ˈsute]
1000 one thousand	o mie	[o ˈmie]
2000 two thousand	două mii	[ˈdouə mij]
3000 three thousand	trei mii	[trej mij]
10000 ten thousand	zece mii	[ˈzeʧe mij]
one hundred thousand	o sută de mii	[o ˈsutə de mij]
million	milion (n)	[miliˈon]
billion	miliard (n)	[miliˈard]

9. Ordinal numbers

first (adj)	primul	[ˈprimul]
second (adj)	al doilea	[al ˈdojʎa]
third (adj)	al treilea	[al ˈtrejʎa]
fourth (adj)	al patrulea	[al ˈpatruʎa]

fifth (adj)	al cincilea	[al 'ʧinʧiʎa]
sixth (adj)	al şaselea	[al 'ʃaseʎa]
seventh (adj)	al şaptelea	[al 'ʃapteʎa]
eighth (adj)	al optulea	[al 'optuʎa]
ninth (adj)	al nouălea	[al 'noueʎa]
tenth (adj)	al zecelea	[al 'zeʧeʎa]

COLOURS. UNITS OF MEASUREMENT

10. Colors

color	culoare (f)	[kulo'are]
shade (tint)	nuanță (f)	[nu'antsə]
hue	ton (n)	[ton]
rainbow	curcubeu (n)	[kurku'beu]
white (adj)	alb	[alb]
black (adj)	negru	['negru]
gray (adj)	sur	['sur]
green (adj)	verde	['werde]
yellow (adj)	galben	['galben]
red (adj)	roșu	['roʃu]
blue (adj)	albastru închis	[al'bastru ɪ'ŋkis]
light blue (adj)	albastru deschis	[al'bastru des'kis]
pink (adj)	roz	['roz]
orange (adj)	portocaliu	[portoka'liu]
violet (adj)	violet	[wio'let]
brown (adj)	cafeniu	[kafe'niu]
golden (adj)	de culoarea aurului	[de kulo'arʲa 'auruluj]
silvery (adj)	argintiu	[ardʒin'tiu]
beige (adj)	bej	[beʒ]
cream (adj)	crem	[krem]
turquoise (adj)	turcoaz	[turko'az]
cherry red (adj)	vișiniu	[wiʃi'niu]
lilac (adj)	lila	[li'la]
crimson (adj)	de culoarea zmeurei	[de kulo'arʲa 'zmeurej]
light (adj)	de culoare deschisă	[de kulo'are des'kisə]
dark (adj)	de culoare închisă	[de kulo'are ɪ'ŋkisə]
bright, vivid (adj)	aprins	[ap'rins]
colored (pencils)	colorat	[kolo'rat]
color (e.g., ~ film)	color	[ko'lor]
black-and-white (adj)	alb-negru	['alb 'negru]
plain (one-colored)	monocrom	[monok'rom]
multicolored (adj)	multicolor	[multiko'lor]

11. Units of measurement

weight	greutate (f)	[greu'tate]
length	lungime (f)	[lun'dʒime]
width	lățime (f)	[lə'tsime]
height	înălțime (f)	[ınəl'tsime]
depth	adâncime (f)	[adın'tʃime]
volume	volum (n)	[vo'lum]
area	suprafață (f)	[supra'fatsə]
gram	gram (n)	[gram]
milligram	miligram (n)	[milig'ram]
kilogram	kilogram (n)	[kilog'ram]
ton	tonă (f)	['tonə]
pound	funt (m)	[funt]
ounce	uncie (f)	['untʃie]
meter	metru (m)	['metru]
millimeter	milimetru (m)	[mili'metru]
centimeter	centimetru (m)	[tʃenti'metru]
kilometer	kilometru (m)	[kilo'metru]
mile	milă (f)	['milə]
inch	țol (m)	[tsol]
foot	picior (m)	[pi'tʃor]
yard	yard (m)	[jard]
square meter	metru (m) pătrat	['metru pət'rat]
hectare	hectar (n)	[hek'tar]
liter	litru (m)	['litru]
degree	grad (n)	[grad]
volt	volt (m)	[volt]
ampere	amper (m)	[am'per]
horsepower	cal-putere (m)	[kal pu'tere]
quantity	cantitate (f)	[kanti'tate]
a little bit of ...	puțin ...	[pu'tsin]
half	jumătate (f)	[ʒumə'tate]
dozen	duzină (f)	[du'zinə]
piece (item)	bucată (f)	[bu'katə]
size	dimensiune (f)	[dimensi'une]
scale (map ~)	proporție (f)	[pro'portsie]
minimal (adj)	minim	['minim]
the smallest (adj)	cel mai mic	['tʃel maj mik]
medium (adj)	de, din mijloc	[de] / [din 'miʒlok]
maximal (adj)	maxim	['maksim]
the largest (adj)	cel mai mare	[tʃel maj 'mare]

12. Containers

jar (glass)	**borcan** (n)	[bor'kan]
can	**cutie** (f)	[ku'tie]
bucket	**găleată** (f)	[gə'ʎatə]
barrel	**butoi** (n)	[bu'toj]

basin (for washing)	**lighean** (n)	[li'gʲan]
tank (for liquid, gas)	**rezervor** (n)	[rezer'vor]
hip flask	**damigeană** (f)	[dami'dʒʲanə]
jerrycan	**canistră** (f)	[ka'nistrə]
cistern (tank)	**cisternă** (f)	[tʃis'ternə]

mug	**cană** (f)	['kanə]
cup (of coffee, etc.)	**ceaşcă** (f)	['tʃaʃkə]
saucer	**farfurioară** (f)	[farfurio'arə]
glass (tumbler)	**pahar** (n)	[pa'har]
wineglass	**cupă** (f)	['kupə]
saucepan	**cratiţă** (f)	['kratitsə]

bottle (~ of wine)	**sticlă** (f)	['stiklə]
neck (of the bottle)	**gâtul** (n) **sticlei**	['gɨtul 'stiklej]

carafe	**garafă** (f)	[ga'rafə]
pitcher (earthenware)	**ulcior** (n)	[ul'tʃor]
vessel (container)	**vas** (n)	[vas]
pot (crock)	**oală** (f)	[o'alə]
vase	**vază** (f)	['vazə]

bottle (~ of perfume)	**flacon** (n)	[fla'kon]
vial, small bottle	**sticluţă** (f)	[stik'lutsə]
tube (of toothpaste)	**tub** (n)	[tub]

sack (bag)	**sac** (m)	[sak]
bag (paper ~, plastic ~)	**pachet** (n)	[pa'ket]
pack (of cigarettes, etc.)	**pachet** (n)	[pa'ket]

box (e.g., shoebox)	**cutie** (f)	[ku'tie]
crate	**ladă** (f)	['ladə]
basket	**coş** (n)	[koʃ]

MAIN VERBS

13. The most important verbs. Part 1

to advise (vt)	a sfătui	[a sfətu'i]
to agree (say yes)	a fi de acord	[a fi de a'kord]
to answer (vi, vt)	a răspunde	[a rəs'punde]
to apologize (vi)	a cere scuze	[a 'tʃere 'skuze]
to arrive (vi)	a sosi	[a so'si]
to ask (~ oneself)	a întreba	[a ɪntre'ba]
to ask (~ sb to do sth)	a cere	[a 'tʃere]

to be (vi)	a fi	[a fi]
to be afraid	a se teme	[a se 'teme]
to be hungry	a fi foame	[a fi fo'ame]
to be interested in …	a se interesa	[a se intere'sa]
to be needed	a fi necesar	[a fi netʃe'sar]
to be surprised	a se mira	[a se mi'ra]
to be thirsty	a fi sete	[a fi 'sete]

to begin (vt)	a începe	[a ɪn'tʃepe]
to belong to …	a aparține	[a apar'tsine]
to boast (vi)	a se lăuda	[a se ləu'da]
to break (split into pieces)	a rupe	[a 'rupe]

to call (for help)	a chema	[a ke'ma]
can (v aux)	a putea	[a pu't'a]
to catch (vt)	a prinde	[a 'prinde]
to change (vt)	a schimba	[a skim'ba]
to choose (select)	a alege	[a a'ledʒe]

to come down	a coborî	[a kobo'rɪ]
to come in (enter)	a intra	[a int'ra]
to compare (vt)	a compara	[a kompa'ra]
to complain (vi, vt)	a se plânge	[a se 'plɪndʒe]

to confuse (mix up)	a încurca	[a ɪŋkur'ka]
to continue (vt)	a continua	[a kontinu'a]
to control (vt)	a controla	[a kontro'la]
to cook (dinner)	a găti	[a gə'ti]

to cost (vt)	a costa	[a kos'ta]
to count (add up)	a calcula	[a kalku'la]
to count on …	a conta pe …	[a kon'ta pe]
to create (vt)	a crea	[a kre'a]
to cry (weep)	a plânge	[a 'plɪndʒe]

14. The most important verbs. Part 2

to deceive (vi, vt)	a minți	[a min'tsi]
to decorate (tree, street)	a împodobi	[a ɪmpodo'bi]
to defend (a country, etc.)	a apăra	[a apə'ra]
to demand (request firmly)	a cere	[a 'tʃere]
to dig (vt)	a săpa	[a sə'pa]
to discuss (vt)	a discuta	[a disku'ta]
to do (vt)	a face	[a 'fatʃe]
to doubt (have doubts)	a se îndoi	[a se ɪndo'i]
to drop (let fall)	a scăpa	[a skə'pa]
to exist (vi)	a exista	[a ekzis'ta]
to expect (foresee)	a prevedea	[a prewe'dʲa]
to explain (vt)	a explica	[a ekspli'ka]
to fall (vi)	a cădea	[a kə'dʲa]
to find (vt)	a găsi	[a gə'si]
to finish (vt)	a termina	[a termi'na]
to fly (vi)	a zbura	[a zbu'ra]
to follow ... (come after)	a urma	[a ur'ma]
to forget (vi, vt)	a uita	[a uj'ta]
to forgive (vt)	a ierta	[a er'ta]
to give (vt)	a da	[a da]
to give a hint	a face aluzie	[a 'fatʃe a'luzie]
to go (on foot)	a merge	[a 'merdʒe]
to go for a swim	a se scălda	[a se skəl'da]
to go out (from ...)	a ieși	[a e'ʃi]
to guess right	a ghici	[a gi'tʃi]
to have (vt)	a avea	[a a'vʲa]
to have breakfast	a lua micul dejun	[a lu'a 'mikul de'ʒun]
to have dinner	a cina	[a tʃi'na]
to have lunch	a lua prânzul	[a lu'a 'prɪnzul]
to hear (vt)	a auzi	[a au'zi]
to help (vt)	a ajuta	[a aʒu'ta]
to hide (vt)	a ascunde	[a as'kunde]
to hope (vi, vt)	a spera	[a spe'ra]
to hunt (vi, vt)	a vâna	[a vɪ'na]
to hurry (vi)	a se grăbi	[a se grə'bi]

15. The most important verbs. Part 3

to inform (vt)	a informa	[a infor'ma]
to insist (vi, vt)	a insista	[a insis'ta]

to insult (vt)	a jigni	[a ʒig'ni]
to invite (vt)	a invita	[a inwi'ta]
to joke (vi)	a glumi	[a glu'mi]
to keep (vt)	a păstra	[a pəst'ra]
to keep silent	a tăcea	[a tə'tʃa]
to kill (vt)	a omorî	[a omo'rɪ]
to know (sb)	a cunoaşte	[a kuno'aʃte]
to know (sth)	a şti	[a ʃti]
to laugh (vi)	a râde	[a 'rɪde]
to liberate (city, etc.)	a elibera	[a elibe'ra]
to like (I like …)	a plăcea	[a plə'tʃa]
to look for … (search)	a căuta	[a kəu'ta]
to love (sb)	a iubi	[a ju'bi]
to make a mistake	a greşi	[a gre'ʃi]
to manage, to run	a conduce	[a kon'dutʃe]
to mean (signify)	a însemna	[a ɪnsem'na]
to mention (talk about)	a menţiona	[a mentsio'na]
to miss (school, etc.)	a lipsi	[a lip'si]
to notice (see)	a observa	[a obser'va]
to object (vi, vt)	a contrazice	[a kontra'zitʃe]
to observe (see)	a observa	[a obser'va]
to open (vt)	a deschide	[a des'kide]
to order (meal, etc.)	a comanda	[a koman'da]
to order (mil.)	a ordona	[a ordo'na]
to own (possess)	a poseda	[a pose'da]
to participate (vi)	a participa	[a partitʃi'pa]
to pay (vi, vt)	a plăti	[a plə'ti]
to permit (vt)	a permite	[a per'mite]
to plan (vt)	a planifica	[a planifi'ka]
to play (children)	a juca	[a ʒu'ka]
to pray (vi, vt)	a se ruga	[a se ru'ga]
to prefer (vt)	a prefera	[a prefe'ra]
to promise (vt)	a promite	[a pro'mite]
to pronounce (vt)	a pronunţa	[a pronun'tsa]
to propose (vt)	a propune	[a pro'pune]
to punish (vt)	a pedepsi	[a pedep'si]
to read (vi, vt)	a citi	[a tʃi'ti]
to recommend (vt)	a recomanda	[a rekoman'da]
to refuse (vi, vt)	a refuza	[a refu'za]
to regret (be sorry)	a regreta	[a regre'ta]
to rent (sth from sb)	a închiria	[a ɪŋkiri'ja]
to repeat (say again)	a repeta	[a repe'ta]
to reserve, to book	a rezerva	[a rezer'va]
to run (vi)	a alerga	[a aler'ga]

16. The most important verbs. Part 4

to save (rescue)	a salva	[a sal'va]
to say (~ thank you)	a spune	[a 'spune]
to scold (vt)	a certa	[a tʃer'ta]
to see (vt)	a vedea	[a we'dʲa]
to sell (vt)	a vinde	[a 'winde]
to send (vt)	a trimite	[a tri'mite]
to shoot (vi)	a trage	[a 'tradʒe]
to shout (vi)	a striga	[a stri'ga]
to show (vt)	a arăta	[a arə'ta]
to sign (document)	a semna	[a sem'na]
to sit down (vi)	a se aşeza	[a se aʃə'za]
to smile (vi)	a zâmbi	[a zɯm'bi]
to speak (vi, vt)	a vorbi	[a vor'bi]
to steal (money, etc.)	a fura	[a fu'ra]
to stop (please ~ calling me)	a înceta	[a antʃe'ta]
to stop (for pause, etc.)	a se opri	[a se op'ri]
to study (vt)	a studia	[a studi'a]
to swim (vi)	a înota	[a ɯno'ta]
to take (vt)	a lua	[a lu'a]
to think (vi, vt)	a se gândi	[a se gɯn'di]
to threaten (vt)	a amenința	[a amenin'tsa]
to touch (with hands)	a atinge	[a a'tindʒe]
to translate (vt)	a traduce	[a tra'dutʃe]
to trust (vt)	a avea încredere	[a a'vʲa ɯŋk'redere]
to try (attempt)	a încerca	[a ɯntʃer'ka]
to turn (~ to the left)	a întoarce	[a ɯnto'artʃe]
to underestimate (vt)	a subaprecia	[a subapretʃi'a]
to understand (vt)	a înțelege	[a ɯntse'ledʒe]
to unite (vt)	a uni	[a u'ni]
to wait (vt)	a aştepta	[a aʃtep'ta]
to want (wish, desire)	a vrea	[a vrʲa]
to warn (vt)	a avertiza	[a awerti'za]
to work (vi)	a lucra	[a luk'ra]
to write (vt)	a scrie	[a 'skrie]
to write down	a nota	[a no'ta]

TIME. CALENDAR

17. Weekdays

Monday	luni (f)	[luɲ]
Tuesday	marți (f)	[ˈmarts]
Wednesday	miercuri (f)	[ˈmerkurʲ]
Thursday	joi (f)	[ʒoj]
Friday	vineri (f)	[ˈwinerʲ]
Saturday	sâmbătă (f)	[ˈsɨmbətə]
Sunday	duminică (f)	[duˈminikə]

today (adv)	astăzi	[ˈastəzʲ]
tomorrow (adv)	mâine	[ˈmɨne]
the day after tomorrow	poimâine	[pojˈmɨne]
yesterday (adv)	ieri	[erʲ]
the day before yesterday	alaltăieri	[aˈlaltəerʲ]

day	zi (f)	[zi]
working day	zi (f) de lucru	[zi de ˈlukru]
public holiday	zi (f) de sărbătoare	[zi de sərbətoˈare]
day off	zi (f) liberă	[zi ˈliberə]
weekend	zile (f pl) de odihnă	[ˈzile de oˈdihnə]

all day long	toată ziua	[toˈate ˈziua]
next day (adv)	a doua zi	[ɨn ˈziua urmətoˈare]
two days ago	cu două zile în urmă	[ku ˈdouə ˈzile ɨn ˈurmə]
the day before	în ajun	[ɨn aˈʒun]
daily (adj)	zilnic	[ˈzilnik]
every day (adv)	în fiecare zi	[ɨn fieˈkare zi]

week	săptămână (f)	[səptəˈmɨnə]
last week (adv)	săptămâna trecută	[səptəˈmɨna treˈkutə]
next week (adv)	săptămâna viitoare	[səptəˈmɨna wiːtoˈare]
weekly (adj)	săptămânal	[səptəmɨˈnal]
every week (adv)	în fiecare săptămână	[ɨn fieˈkare səptəˈmɨnə]
twice a week	de două ori pe săptămână	[de ˈdouə orʲ pe səptəˈmɨnə]
every Tuesday	în fiecare marți	[ɨn fieˈkare ˈmarts]

18. Hours. Day and night

morning	dimineață (f)	[dimiˈɲatsə]
in the morning	dimineața	[dimiˈɲatsa]

noon, midday	amiază (f)	[a'mʲazə]
in the afternoon	după masă	['dupə 'masə]
evening	seară (f)	['sʲarə]
in the evening	seara	['sʲara]
night	noapte (f)	[no'apte]
at night	noaptea	[no'aptʲa]
midnight	miezul (n) nopții	['mezul 'noptsij]

second	secundă (f)	[se'kundə]
minute	minut (n)	[mi'nut]
hour	oră (f)	['orə]
half an hour	jumătate de oră	[ʒumə'tate de 'orə]
quarter of an hour	un sfert de oră	['un 'sfert de 'orə]
fifteen minutes	cincisprezece minute	['tʃintʃsprezetʃe mi'nute]
24 hours	o zi (f)	[o zi]

sunrise	răsărit (n)	[rəsə'rit]
dawn	zori (m pl)	[zorʲ]
early morning	zori (m pl) de zi	[zorʲ de zi]
sunset	apus (n)	[a'pus]

early in the morning	dimineața devreme	[dimi'ɲatsa dev'reme]
this morning	azi dimineață	[azʲ dimi'ɲatsə]
tomorrow morning	mâine dimineață	['mɯne dimi'ɲatsə]

this afternoon	această după-amiază	[a'tʃastə 'dupa ami'azə]
in the afternoon	după masă	['dupe 'masə]
tomorrow afternoon	mâine după-masă	['mɯjne 'dupe 'masə]

tonight (this evening)	astă-seară	['astə 'sʲarə]
tomorrow night	mâine seară	['mɯne 'sʲarə]

at 3 o'clock sharp	la ora trei fix	[la 'ora trej fiks]
about 4 o'clock	în jur de ora patru	[ɯn ʒur de 'ora 'patru]
by 12 o'clock	pe la ora douăsprezece	[pe la 'ora 'douəsprezetʃe]
in 20 minutes	peste douăzeci de minute	['peste douə'zetʃ de mi'nute]

in an hour	peste o oră	['peste o 'orə]
on time (adv)	la timp	[la timp]

a quarter of ...	fără un sfert	[fərə un sfert]
within an hour	în decurs de o oră	[ɯn de'kurs de o 'orə]
every 15 minutes	la fiecare cincisprezece minute	[la fie'kare 'tʃintʃsprezetʃe mi'nute]
round the clock	zi și noapte	[zi ʃi no'apte]

19. Months. Seasons

January	ianuarie (m)	[janu'arie]
February	februarie (m)	[febru'arie]

March	martie (m)	['martie]
April	aprilie (m)	[ap'rilie]
May	mai (m)	[maj]
June	iunie (m)	['junie]
July	iulie (m)	['julie]
August	august (m)	['august]
September	septembrie (m)	[sep'tembrie]
October	octombrie (m)	[ok'tombrie]
November	noiembrie (m)	[no'embrie]
December	decembrie (m)	[de'ʧembrie]
spring	primăvară (f)	[primə'varə]
in spring	primăvara	[primə'vara]
spring (as adj)	de primăvară	[de primə'varə]
summer	vară (f)	['varə]
in summer	vara	['vara]
summer (as adj)	de vară	[de 'varə]
fall	toamnă (f)	[to'amnə]
in fall	toamna	[to'amna]
fall (as adj)	de toamnă	[de to'amnə]
winter	iarnă (f)	['jarnə]
in winter	iarna	['jarna]
winter (as adj)	de iarnă	[de 'jarnə]
month	lună (f)	['lunə]
this month	în luna curentă	[ɪn 'luna ku'rentə]
next month	în luna următoare	[ɪn 'luna urməto'are]
last month	în luna trecută	[ɪn 'luna tre'kutə]
a month ago	o lună în urmă	[o 'lunə ɪn 'urmə]
in a month	peste o lună	['peste o 'lunə]
in two months	peste două luni	['peste 'douə lunʲ]
the whole month	luna întreagă	['luna ɪnt'rʲagə]
all month long	o lună întreagă	[o 'lunə ɪnt'rʲagə]
monthly (~ magazine)	lunar	[lu'nar]
monthly (adv)	în fiecare lună	[ɪn fie'kare 'lunə]
every month	fiecare lună	[fie'kare 'lunə]
twice a month	de două ori pe lună	[de 'douə orʲ pe 'lunə]
year	an (m)	[an]
this year	anul acesta	['anul a'ʧesta]
next year	anul viitor	['anul wi:'tor]
last year	anul trecut	['anul tre'kut]
a year ago	acum un an	[a'kum un an]
in a year	peste un an	['peste un an]
in two years	peste doi ani	['peste doj anʲ]

the whole year	tot anul	[tot 'anul]
all year long	un an întreg	[un an ınt'reg]
every year	în fiecare an	[ın fie'kare an]
annual (adj)	anual	[anu'al]
annually (adv)	în fiecare an	[ın fie'kare an]
4 times a year	de patru ori pe an	[de 'patru orʲ pe an]
date (e.g., today's ~)	dată (f)	['datə]
date (e.g., ~ of birth)	dată (f)	['datə]
calendar	calendar (n)	[kalen'dar]
half a year	jumătate (f) de an	[ʒumə'tate de an]
six months	jumătate (f) de an	[ʒumə'tate de an]
season (summer, etc.)	sezon (n)	[se'zon]
century	veac (n)	[vʲak]

TRAVEL. HOTEL

20. Trip. Travel

tourism	turism (n)	[tu'rism]
tourist	turist (m)	[tu'rist]
trip, voyage	călătorie (f)	[kələto'rie]
adventure	aventură (f)	[awen'turə]
trip, journey	voiaj (n)	[vo'jaʒ]
vacation	concediu (n)	[kon'tʃediu]
to be on vacation	a fi în concediu	[a fi ɪn kon'tʃediu]
rest	odihnă (f)	[o'dihnə]
train	tren (n)	[tren]
by train	cu trenul	[ku 'trenul]
airplane	avion (n)	[awi'on]
by airplane	cu avionul	[ku awi'onul]
by car	cu automobilul	[ku automo'bilul]
by ship	cu vaporul	[ku va'porul]
luggage	bagaj (n)	[ba'gaʒ]
suitcase, luggage	valiză (f)	[va'lizə]
luggage cart	cărucior (n) pentru bagaj	[kəru'tʃor 'pentru ba'gaʒ]
passport	pașaport (n)	[paʃa'port]
visa	viză (f)	['wizə]
ticket	bilet (n)	[bi'let]
air ticket	bilet (n) de avion	[bi'let de awi'on]
guidebook	ghid (m)	[gid]
map	hartă (f)	['hartə]
area (rural ~)	localitate (f)	[lokali'tate]
place, site	loc (n)	[lok]
exotic (n)	exotism (n)	[ekzo'tism]
exotic (adj)	exotic	[ek'zotik]
amazing (adj)	uimitor	[ujmi'tor]
group	grup (n)	[grup]
excursion	excursie (f)	[eks'kursie]
guide (person)	ghid (m)	[gid]

21. Hotel

hotel	hotel (n)	[ho'tel]
motel	motel (n)	[mo'tel]
three-star	trei stele	[trej 'stele]
five-star	cinci stele	['tʃintʃ 'stele]
to stay (in hotel, etc.)	a se opri	[a se op'ri]
room	cameră (f)	['kamerə]
single room	cameră pentru o persoană (n)	['kamerə 'pentru o perso'ane]
double room	cameră pentru două persoane (n)	['kamerə 'pentru 'douə perso'ane]
to book a room	a rezerva o cameră	[a rezer'va o 'kamerə]
half board	demipensiune (f)	[demipensi'une]
full board	pensiune (f)	[pensi'une]
with bath	cu baie	[ku 'bae]
with shower	cu duş	[ku duʃ]
satellite television	televiziune (f) prin satelit	[televizi'une 'prin sate'lit]
air-conditioner	aer (n) condiţionat	['aer konditsio'nat]
towel	prosop (n)	[pro'sop]
key	cheie (f)	['ke:]
administrator	administrator (m)	[administ'rator]
chambermaid	femeie (f) de serviciu	[fe'me: de ser'witʃu]
porter, bellboy	hamal (m)	[ha'mal]
doorman	portar (m)	[por'tar]
restaurant	restaurant (n)	[restau'rant]
pub, bar	bar (n)	[bar]
breakfast	micul dejun (n)	['mikul de'ʒun]
dinner	cină (f)	['tʃinə]
buffet	masă suedeză (f)	['masə sue'dezə]
lobby	vestibul (n)	[westi'bul]
elevator	lift (n)	[lift]
DO NOT DISTURB	NU DERANJAŢI!	[nu deran'ʒats]
NO SMOKING	NU FUMAŢI!	[nu fu'mats]

22. Sightseeing

monument	monument (n)	[monu'ment]
fortress	cetate (f)	[tʃe'tate]
palace	palat (n)	[pa'lat]
castle	castel (n)	[kas'tel]

tower	turn (n)	[turn]
mausoleum	mausoleu (n)	[mauzo'leu]
architecture	arhitectură (f)	[arhitek'turə]
medieval (adj)	medieval	[medie'val]
ancient (adj)	vechi	[wekʲ]
national (adj)	naţional	[natsio'nal]
well-known (adj)	cunoscut	[kunos'kut]
tourist	turist (m)	[tu'rist]
guide (person)	ghid (m)	[gid]
excursion, guided tour	excursie (f)	[eks'kursie]
to show (vt)	a arăta	[a arə'ta]
to tell (vt)	a povesti	[a powes'ti]
to find (vt)	a găsi	[a gə'si]
to get lost (lose one's way)	a se pierde	[a se 'pjerde]
map (e.g., subway ~)	schemă (f)	['skemə]
map (e.g., city ~)	plan (m)	[plan]
souvenir, gift	suvenir (n)	[suwe'nir]
gift shop	magazin (n) de suveniruri	[maga'zin de suwe'nirurʲ]
to take pictures	a fotografia	[a fotografi'ja]
to be photographed	a se fotografia	[a se fotografi'ja]

TRANSPORTATION

23. Airport

airport	**aeroport** (n)	[aero'port]
airplane	**avion** (n)	[awi'on]
airline	**companie** (f) **aeriană**	[kompa'nie aeri'anə]
air-traffic controller	**dispecer** (n)	[dis'petʃer]
departure	**decolare** (f)	[deko'lare]
arrival	**aterizare** (f)	[ateri'zare]
to arrive (by plane)	**a ateriza**	[a ateri'za]
departure time	**ora** (f) **decolării**	['ora dekolərij]
arrival time	**ora** (f) **aterizării**	['ora aterizərij]
to be delayed	**a întârzia**	[a ıntır'zija]
flight delay	**întârzierea** (f) **zborului**	[ıntırzi'erʲa 'zboruluj]
information board	**panou** (n)	[pa'nou]
information	**informație** (f)	[infor'matsie]
to announce (vt)	**a anunța**	[a anun'tsa]
flight (e.g., next ~)	**cursă** (f)	['kursə]
customs	**vamă** (f)	['vamə]
customs officer	**vameș** (m)	['vameʃ]
customs declaration	**declarație** (f)	[dekla'ratsie]
to fill out (vt)	**a completa**	[a komple'ta]
to fill out the declaration	**a completa declarația**	[a komple'ta dekla'ratsija]
passport control	**controlul** (n) **pașapoartelor**	[kont'rolul paʃapo'artelor]
luggage	**bagaj** (n)	[ba'gaʒ]
hand luggage	**bagaj** (n) **de mână**	[ba'gaʒ de 'mınə]
Lost Luggage Desk	**recuperarea bagajului**	[rekupe'rarʲa ba'gaʒuluj]
luggage cart	**cărucior** (n) **pentru bagaj**	[kəru'tʃor 'pentru ba'gaʒ]
landing	**aterizare** (f)	[ateri'zare]
landing strip	**pistă** (f) **de aterizare**	['pistə de ateri'zare]
to land (vi)	**a ateriza**	[a ateri'za]
airstairs	**scară** (f)	['skarə]
check-in	**înregistrare** (f)	[ınredʒist'rare]
check-in desk	**birou** (n) **de înregistrare**	[bi'rou de ınredʒist'rare]
to check-in (vi)	**a se înregistra**	[a se ınredʒist'ra]

| boarding pass | număr (n) de bord | ['numər de bord] |
| departure gate | debarcare (f) | [debar'kare] |

transit	tranzit (n)	['tranzit]
to wait (vt)	a aştepta	[a aʃtep'ta]
departure lounge	sală (f) de aşteptare	['salə de aʃtep'tare]
to see off	a conduce	[a kon'dutʃe]
to say goodbye	a-şi lua rămas bun	[aʃ lu'a rə'mas bun]

24. Airplane

airplane	avion (n)	[awi'on]
air ticket	bilet (n) de avion	[bi'let de awi'on]
airline	companie (f) aeriană	[kompa'nie aeri'anə]
airport	aeroport (n)	[aero'port]
supersonic (adj)	supersonic	[super'sonik]

captain	comandant (m) de navă	[koman'dant de 'navə]
crew	echipaj (n)	[eki'paʒ]
pilot	pilot (m)	[pi'lot]
flight attendant	stewardesă (f)	[styar'desə]
navigator	navigator (m)	[nawiga'tor]

wings	aripi (f pl)	[a'ripʲ]
tail	coadă (f)	[ko'adə]
cockpit	cabină (f)	[ka'binə]
engine	motor (n)	[mo'tor]
undercarriage	tren (n) de aterizare	[tren de ateri'zare]
turbine	turbină (f)	[tur'binə]

propeller	elice (f)	[e'litʃe]
black box	cutie (f) neagră	[ku'tie 'nagrə]
control column	manşă (f)	['manʃə]
fuel	combustibil (m)	[kombus'tibil]

safety card	instrucţiune (f)	[instruktsi'une]
oxygen mask	mască (f) cu oxigen	['maskə 'ku oksi'dʒen]
uniform	uniformă (f)	[uni'formə]
life vest	vestă (f) de salvare	['westə de sal'vare]
parachute	paraşută (f)	[para'ʃutə]

takeoff	decolare (f)	[deko'lare]
to take off (vi)	a decola	[a deko'la]
runway	pistă (f) de decolare	['pistə de deko'lare]

visibility	vizibilitate (f)	[wizibili'tate]
flight (act of flying)	zbor (n)	[zbor]
altitude	înălţime (f)	[ɪnəl'tsime]
air pocket	gol de aer (n)	[gol de 'aer]
seat	loc (n)	[lok]

headphones	căşti (f pl)	[kəʃtʲ]
folding tray	măsuţă (f) rabatabilă	[mə'sutsə raba'tabilə]
airplane window	hublou (n)	[hub'lou]
aisle	trecere (f)	['tretʃere]

25. Train

train	tren (n)	[tren]
suburban train	tren (n) electric	['tren e'lektrik]
express train	tren (n) accelerat	['tren aktʃele'rat]
diesel locomotive	locomotivă (f) cu motor diesel	[lokomo'tivə ku mo'tor 'dizel]
steam engine	locomotivă (f)	[lokomo'tivə]
passenger car	vagon (n)	[va'gon]
dining car	vagon-restaurant (n)	[va'gon restau'rant]
rails	şine (f pl)	['ʃine]
railroad	cale (f) ferată	['kale fe'ratə]
railway tie	traversă (f)	[tra'wersə]
platform (railway ~)	peron (n)	[pe'ron]
track (~ 1, 2, etc.)	linie (f)	['linie]
semaphore	semafor (n)	[sema'for]
station	staţie (f)	['statsie]
engineer	maşinist (m)	[maʃi'nist]
porter (of luggage)	hamal (m)	[ha'mal]
train steward	însoţitor (m)	[ınsotsi'tor]
passenger	pasager (m)	[pasa'dʒer]
conductor	controlor (m)	[kontro'lor]
corridor (in train)	coridor (n)	[kori'dor]
emergency break	semnal (n) de alarmă	[sem'nal de a'larmə]
compartment	compartiment (n)	[komparti'ment]
berth	cuşetă (f)	[ku'ʃetə]
upper berth	patul (n) de sus	['patul de sus]
lower berth	patul (n) de jos	['patul de ʒos]
bed linen	lenjerie (f) de pat	[lenʒe'rie de pat]
ticket	bilet (n)	[bi'let]
schedule	orar (n)	[o'rar]
information display	panou (n)	[pa'nou]
to leave, to depart	a pleca	[a ple'ka]
departure (of train)	plecare (f)	[ple'kare]
to arrive (ab. train)	a sosi	[a so'si]
arrival	sosire (f)	[so'sire]
to arrive by train	a veni cu trenul	[a we'ni 'ku 'trenul]

| to get on the train | a se așeza în tren | [a se aʃe'za ın tren] |
| to get off the train | a coborî din tren | [a kobo'rı din tren] |

train wreck	accident (n)	[aktʃi'dent]
steam engine	locomotivă (f)	[lokomo'tivə]
stoker, fireman	fochist (m)	[fo'kist]
firebox	focar (n)	[fo'kar]
coal	cărbune (m)	[kər'bune]

26. Ship

| ship | corabie (f) | [ko'rabie] |
| vessel | corabie (f) | [ko'rabie] |

steamship	vapor (n)	[va'por]
riverboat	motonavă (f)	[moto'navə]
ocean liner	vas (n) de croazieră	[vas de kroazi'erə]
cruiser	crucișător (n)	[krutʃiʃə'tor]

yacht	iaht (n)	[jaht]
tugboat	remorcher (n)	[remor'ker]
barge	șlep (n)	[ʃlep]
ferry	bac (n)	[bak]

| sailing ship | velier (n) | [weli'er] |
| brigantine | brigantină (f) | [brigan'tinə] |

| ice breaker | spărgător (n) de gheață | [spərgə'tor de 'gʲatsə] |
| submarine | submarin (n) | [subma'rin] |

boat (flat-bottomed ~)	barcă (f)	['barkə]
dinghy	șalupă (f)	[ʃa'lupə]
lifeboat	șalupă (f) de salvare	[ʃa'lupə de sal'vare]
motorboat	cuter (n)	['kuter]

captain	căpitan (m)	[kəpi'tan]
seaman	marinar (m)	[mari'nar]
sailor	marinar (m)	[mari'nar]
crew	echipaj (n)	[eki'paʒ]

boatswain	șef (m) de echipaj	[ʃef de eki'paʒ]
ship's boy	mus (m)	[mus]
cook	bucătar (m)	[bukə'tar]
ship's doctor	medic (m) pe navă	['medik pe 'navə]

deck	teugă (f)	[te'ugə]
mast	catarg (n)	[ka'targ]
sail	velă (f)	['welə]
hold	cală (f)	['kalə]
bow (prow)	proră (f)	['prorə]

stern	**pupă** (f)	['pupə]
oar	**vâslă** (f)	['vɪslə]
screw propeller	**elice** (f)	[e'litʃe]
cabin	**cabină** (f)	[ka'binə]
wardroom	**salonul** (n) **ofițerilor**	[sa'lonul ofi'tserilor]
engine room	**sala** (f) **mașinilor**	['sala ma'ʃinilor]
bridge	**punte** (f) **de comandă**	['punte de ko'mandə]
radio room	**stație** (f) **de radio**	['statsie de 'radio]
wave (radio)	**undă** (f)	['undə]
logbook	**jurnal** (n) **de bord**	[ʒur'nal de bord]
spyglass	**lunetă** (f)	[lu'netə]
bell	**clopot** (n)	['klopot]
flag	**steag** (n)	['stʲag]
rope (mooring ~)	**parâmă** (f)	[pa'rɪmə]
knot (bowline, etc.)	**nod** (n)	[nod]
deckrail	**bară** (f)	['barə]
gangway	**pasarelă** (f)	[pasa'relə]
anchor	**ancoră** (f)	['aŋkorə]
to weigh anchor	**a ridica ancora**	[a ridi'ka 'aŋkora]
to drop anchor	**a ancora**	[a aŋko'ra]
anchor chain	**lanț** (n) **de ancoră**	[lants de 'aŋkorə]
port (harbor)	**port** (n)	[port]
berth, wharf	**acostare** (f)	[akos'tare]
to berth (moor)	**a acosta**	[a akos'ta]
to cast off	**a demara**	[a dema'ra]
trip, voyage	**călătorie** (f)	[kələto'rie]
cruise (sea trip)	**croazieră** (f)	[kroazi'erə]
course (route)	**direcție** (f)	[di'rektsie]
route (itinerary)	**rută** (f)	['rutə]
fairway	**cale** (f) **navigabilă**	['kale nawi'gabilə]
shallows (shoal)	**banc** (n) **de nisip**	[baŋk de ni'sip]
to run aground	**a se împotmoli**	[a se ɪmpotmo'li]
storm	**furtună** (f)	[fur'tunə]
signal	**semnal** (n)	[sem'nal]
to sink (vi)	**a se scufunda**	[a se skufun'da]
SOS	**SOS**	[sos]
ring buoy	**colac** (m) **de salvare**	[ko'lak de sal'vare]

CITY

27. Urban transportation

bus	autobuz (n)	[auto'buz]
streetcar	tramvai (n)	[tram'vaj]
trolley	troleibuz (n)	[trolej'buz]
route (of bus)	rută (f)	['rutə]
number (e.g., bus ~)	număr (n)	['numər]
to go by ...	a merge cu ...	[a 'merdʒe ku]
to get on (~ the bus)	a se urca	[a se ur'ka]
to get off ...	a coborî	[a kobo'rɨ]
stop (e.g., bus ~)	stație (f)	['statsie]
next stop	stația (f) următoare	['statsija urməto'are]
terminus	ultima stație (f)	['ultima 'statsie]
schedule	orar (n)	[o'rar]
to wait (vt)	a aștepta	[a aʃtep'ta]
ticket	bilet (n)	[bi'let]
fare	costul (n) biletului	['kostul bi'letuluj]
cashier (ticket seller)	casier (m)	[kasi'er]
ticket inspection	control (n)	[kont'rol]
conductor	controlor (m)	[kontro'lor]
to be late (for ...)	a întârzia	[a ɨntɨr'zija]
to miss (~ the train, etc.)	a pierde ...	[a 'pjerdə]
to be in a hurry	a se grăbi	[a se grə'bi]
taxi, cab	taxi (n)	[tak'si]
taxi driver	taximetrist (m)	[taksimet'rist]
by taxi	cu taxiul	[ku tak'siul]
taxi stand	stație (f) de taxiuri	['statsie de tak'siurʲ]
to call a taxi	a chema un taxi	[a ke'ma un tak'si]
to take a taxi	a lua un taxi	[a lu'a un tak'si]
traffic	circulație (f) pe stradă	[tʃirku'latsie pe 'stradə]
traffic jam	ambuteiaj (n)	[ambute'jaʒ]
rush hour	oră (f) de vârf	[orə de vɨrf]
to park (vi)	a se parca	[a se par'ka]
to park (vt)	a parca	[a par'ka]
parking lot	parcare (f)	[par'kare]
subway	metrou (n)	[met'rou]
station	stație (f)	['statsie]

to take the subway	a merge cu metroul	[a 'merdʒe ku met'roul]
train	tren (n)	[tren]
train station	gară (f)	['garə]

28. City. Life in the city

city, town	oraş (n)	[o'raʃ]
capital city	capitală (f)	[kapi'talə]
village	sat (n)	[sat]

city map	planul (n) oraşului	['planul o'raʃuluj]
downtown	centrul (n) oraşului	['tʃentrul o'raʃuluj]
suburb	suburbie (f)	[subur'bie]
suburban (adj)	din suburbie	[din subur'bie]

outskirts	margine (f)	['mardʒine]
environs (suburbs)	împrejurimi (f pl)	[impreʒu'rimʲ]
city block	cartier (n)	[karti'er]
residential block	cartier (n) locativ	[karti'er loka'tiv]

traffic	circulaţie (f)	[tʃirku'latsie]
traffic lights	semafor (n)	[sema'for]
public transportation	transport (n) urban	[trans'port ur'ban]
intersection	intersecţie (f)	[inter'sektsie]

crosswalk	trecere (f)	['tretʃere]
pedestrian underpass	trecere (f) subterană	['tretʃere subte'ranə]
to cross (vt)	a traversa	[a trawer'sa]
pedestrian	pieton (m)	[pie'ton]
sidewalk	trotuar (n)	[trotu'ar]

bridge	pod (n)	[pod]
bank (riverbank)	faleză (f)	[fa'lezə]
fountain	havuz (n)	[ha'vuz]

allée	alee (f)	[a'le:]
park	parc (n)	[park]
boulevard	bulevard (n)	[bule'vard]
square	piaţă (f)	['pjatsə]
avenue (wide street)	prospect (n)	[pros'pekt]
street	stradă (f)	['stradə]
side street	stradelă (f)	[stra'delə]
dead end	fundătură (f)	[fundə'turə]

house	casă (f)	['kasə]
building	clădire (f)	[klə'dire]
skyscraper	zgârie-nori (m)	['zgɪrie norʲ]

| facade | faţadă (f) | [fa'tsadə] |
| roof | acoperiş (n) | [akope'riʃ] |

window	fereastră (f)	[fe'rʲastrə]
arch	arc (n)	[ark]
column	coloană (f)	[kolo'anə]
corner	colț (n)	[kolts]

store window	vitrină (f)	[wit'rinə]
store sign	firmă (f)	['firmə]
poster	afiş (n)	[a'fiʃ]
advertising poster	afişaj (n)	[afi'ʃaʒ]
billboard	panou (n) publicitar	[pa'nu publiʧi'tar]

garbage, trash	gunoi (n)	[gu'noj]
garbage can	coş (n) de gunoi	[koʃ de gu'noj]
to litter (vi)	a face murdărie	[a 'faʧe murdə'rie]
garbage dump	groapă (f) de gunoi	[gro'apə de gu'noj]

phone booth	cabină (f) telefonică	[ka'binə tele'fonikə]
lamppost	stâlp (m) de felinar	['stɨlp de feli'nar]
bench (park ~)	bancă (f)	['baŋkə]

police officer	polițist (m)	[poli'tsist]
police	poliție (f)	[po'litsie]
beggar	cerşetor (m)	[ʧerʃə'tor]
homeless, bum	vagabond (m)	[vaga'bond]

29. Urban institutions

store	magazin (n)	[maga'zin]
drugstore, pharmacy	farmacie (f)	[farma'ʧie]
optical store	optică (f)	['optikə]
shopping mall	centru (n) comercial	['ʧentru komerʧi'al]
supermarket	supermarket (n)	[super'market]

bakery	brutărie (f)	[brutə'rie]
baker	brutar (m)	[bru'tar]
candy store	cofetărie (f)	[kofetə'rie]
grocery store	băcănie (f)	[bəkə'nie]
butcher shop	hală (f) de carne	['halə de 'karne]

| produce store | magazin (m) de legume | [maga'zin de le'gume] |
| market | piață (f) | ['pjatsə] |

coffee house	cafenea (f)	[kafe'ɲa]
restaurant	restaurant (n)	[restau'rant]
pub	berărie (f)	[berə'rie]
pizzeria	pizzerie (f)	[pitse'rie]

hair salon	frizerie (f)	[frize'rie]
post office	poştă (f)	['poʃtə]
dry cleaners	curățătorie (f) chimică	[kurətsəto'rie 'kimikə]

photo studio	atelier (n) foto	[ateli'er 'foto]
shoe store	magazin (n) de încălţăminte	[maga'zin de ɪŋkəltsə'minte]
bookstore	librărie (f)	[librə'rie]
sporting goods store	magazin (n) sportiv	[maga'zin spor'tiv]
clothes repair	croitorie (f)	[kroito'rie]
formal wear rental	închiriere (f) de haine	[ɪŋkiri'ere de 'hajne]
movie rental store	închiriere (f) de filme	[ɪŋkiri'ere de 'filme]
circus	circ (n)	[tʃirk]
zoo	grădină (f) zoologică	[grə'dinə zo:'lodʒikə]
movie theater	cinematograf (n)	[tʃinematog'raf]
museum	muzeu (n)	[mu'zeu]
library	bibliotecă (f)	[biblio'tekə]
theater	teatru (n)	['t'atru]
opera	operă (f)	['operə]
nightclub	club (n) de noapte	['klub de no'apte]
casino	cazinou (n)	[kazi'nou]
mosque	moschee (f)	[mos'ke:]
synagogue	sinagogă (f)	[sina'gogə]
cathedral	catedrală (f)	[kated'ralə]
temple	templu (n)	['templu]
church	biserică (f)	[bi'serikə]
college	institut (n)	[insti'tut]
university	universitate (f)	[uniwersi'tate]
school	şcoală (f)	[ʃko'alə]
prefecture	prefectură (f)	[prefek'turə]
city hall	primărie (f)	[primə'rie]
hotel	hotel (n)	[ho'tel]
bank	bancă (f)	['baŋkə]
embassy	ambasadă (f)	[amba'sadə]
travel agency	agenţie (f) de turism	[adʒen'tsie de tu'rism]
information office	birou (n) de informaţii	[bi'rou de infor'matsij]
money exchange	schimb (n) valutar	[skimb valu'tar]
subway	metrou (n)	[met'rou]
hospital	spital (n)	[spi'tal]
gas station	benzinărie (f)	[benzinə'rie]
parking lot	parcare (f)	[par'kare]

30. Signs

| store sign | firmă (f) | ['firmə] |
| notice (written text) | inscripţie (f) | [insk'riptsie] |

poster	afiş (n)	[aˈfiʃ]
direction sign	semn (n)	[semn]
arrow (sign)	indicator (n)	[indikaˈtor]
caution	avertisment (n)	[awertisˈment]
warning sign	avertisment (n)	[awertisˈment]
to warn (vt)	a avertiza	[a awertiˈza]
day off	zi (f) de odihnă	[zi de oˈdihnə]
timetable (schedule)	orar (n)	[oˈrar]
opening hours	ore (f pl) de lucru	[ˈore de ˈlukru]
WELCOME!	BINE AŢI VENIT!	[ˈbine ˈaʦ weˈnit]
ENTRANCE	INTRARE	[intˈrare]
EXIT	IEŞIRE	[eˈʃire]
PUSH	ÎMPINGE	[ɪmˈpindʒe]
PULL	TRAGE	[ˈtradʒe]
OPEN	DESCHIS	[desˈkis]
CLOSED	ÎNCHIS	[ɪˈŋkis]
WOMEN	PENTRU FEMEI	[ˈpentru feˈmej]
MEN	PENTRU BĂRBAŢI	[ˈpentru bərˈbaʦ]
DISCOUNTS	REDUCERI	[reˈduʧerʲ]
SALE	LICHIDARE DE STOC	[likiˈdare de stok]
NEW!	NOU	[ˈnou]
FREE	GRATUIT	[gratuˈit]
ATTENTION!	ATENŢIE!	[aˈtenʦie]
NO VACANCIES	NU SUNT LOCURI	[nu ˈsunt ˈlokurʲ]
RESERVED	REZERVAT	[rezerˈvat]
ADMINISTRATION	ADMINISTRAŢIE	[administˈraʦie]
STAFF ONLY	NUMAI PENTRU ANGAJAŢI	[ˈnumaj ˈpentru aɲaˈʒaʦ]
BEWARE OF THE DOG!	CÂINE RĂU	[ˈkɪne ˈrəu]
NO SMOKING	NU FUMAŢI!	[nu fuˈmaʦ]
DO NOT TOUCH!	NU ATINGEŢI!	[nu aˈtindʒeʦ]
DANGEROUS	PERICULOS	[perikuˈlos]
DANGER	PERICOL	[peˈrikol]
HIGH TENSION	TENSIUNE ÎNALTĂ	[tensiˈune ɪˈnaltə]
NO SWIMMING!	SCĂLDATUL INTERZIS!	[skəlˈdatul interˈzis]
OUT OF ORDER	NU FUNCŢIONEAZĂ	[nu fuŋkʦioˈɲazə]
FLAMMABLE	INFLAMABIL	[inflaˈmabil]
FORBIDDEN	INTERZIS	[interˈzis]
NO TRESPASSING!	TRECEREA INTERZISĂ	[ˈtreʧerʲa interˈzisə]
WET PAINT	PROASPĂT VOPSIT	[proˈaspət vopˈsit]

31. Shopping

to buy (purchase)	a cumpăra	[a kumpə'ra]
purchase	cumpărătură (f)	[kumpərə'turə]
to go shopping	a face cumpărături	[a 'fatʃe kumpərə'turʲ]
shopping	shopping (n)	['ʃopiŋ]
to be open (ab. store)	a fi deschis	[a fi des'kis]
to be closed	a se închide	[a se ɪ'ŋkide]
footwear	încălțăminte (f)	[ɪŋkəltsə'minte]
clothes, clothing	haine (f pl)	['hajne]
cosmetics	cosmetică (f)	[kos'metikə]
food products	produse (n pl)	[pro'duse]
gift, present	cadou (n)	[ka'dou]
salesman	vânzător (m)	[vɪnzə'tor]
saleswoman	vânzătoare (f)	[vɪnzəto'are]
check out, cash desk	casă (f)	['kasə]
mirror	oglindă (f)	[og'lində]
counter (in shop)	tejghea (f)	[teʒ'gʲa]
fitting room	cabină (f) de probă	[ka'binə de 'probə]
to try on	a proba	[a pro'ba]
to fit (ab. dress, etc.)	a veni	[a we'ni]
to like (I like ...)	a plăcea	[a plə'tʃa]
price	preț (n)	[prets]
price tag	indicator (n) de prețuri	[indika'tor de 'pretsurʲ]
to cost (vt)	a costa	[a kos'ta]
How much?	Cât?	[kɪt]
discount	reducere (f)	[re'dutʃere]
inexpensive (adj)	ieftin	['eftin]
cheap (adj)	ieftin	['eftin]
expensive (adj)	scump	[skump]
It's expensive	E scump	[e skump]
rental (n)	închiriere (f)	[ɪŋkiri'ere]
to rent (~ a tuxedo)	a lua în chirie	[a lu'a ɪn ki'rie]
credit	credit (n)	['kredit]
on credit (adv)	în credit	[ɪn 'kredit]

CLOTHING & ACCESSORIES

32. Outerwear. Coats

clothes	îmbrăcăminte (f)	[ımbrəkə'minte]
outer clothes	haină (f)	['hajnə]
winter clothes	îmbrăcăminte (f) de iarnă	[ımbrəkə'minte de 'jarnə]
overcoat	palton (n)	[pal'ton]
fur coat	şubă (f)	['ʃubə]
fur jacket	scurtă (f) îmblănită	['skurtə ımblə'nitə]
down coat	scurtă (f) de puf	['skurtə de 'puf]
jacket (e.g., leather ~)	scurtă (f)	['skurtə]
raincoat	trenci (f)	[trentʃ]
waterproof (adj)	impermeabil (n)	[imperme'abil]

33. Men's & women's clothing

shirt	cămaşă (f)	[kə'maʃə]
pants	pantaloni (m pl)	[panta'lon]
jeans	blugi (m pl)	[bludʒʲ]
jacket (of man's suit)	sacou (n)	[sa'kou]
suit	costum (n)	[kos'tum]
dress (frock)	rochie (f)	['rokie]
skirt	fustă (f)	['fustə]
blouse	bluză (f)	['bluzə]
knitted jacket	jachetă (f) tricotată	[ʒa'ketə triko'tatə]
jacket (of woman's suit)	jachetă (f)	[ʒa'ketə]
T-shirt	tricou (n)	[tri'kou]
shorts (short trousers)	şorturi (n pl)	['ʃorturʲ]
tracksuit	costum (n) sportiv	[kos'tum spor'tiv]
bathrobe	halat (n)	[ha'lat]
pajamas	pijama (f)	[piʒa'ma]
sweater	pulover (n)	[pu'lower]
pullover	pulover (n)	[pu'lower]
vest	vestă (f)	['westə]
tailcoat	frac (n)	[frak]
tuxedo	smoching (n)	['smokiŋ]
uniform	uniformă (f)	[uni'formə]

workwear	haină (f) de lucru	['hajnə de 'lukru]
overalls	salopetă (f)	[salo'petə]
coat (e.g., doctor's smock)	halat (n)	[ha'lat]

34. Clothing. Underwear

underwear	lenjerie (f) de corp	[lenʒe'rie de 'korp]
undershirt (A-shirt)	maiou (n)	[maøu]
socks	şosete (f pl)	[ʃo'sete]

nightgown	cămaşă (f) de noapte	[kə'maʃə de no'apte]
bra	sutien (n)	[suti'en]
knee highs	ciorapi (m pl)	[tʃo'rapʲ]
tights	ciorapi pantalon (m pl)	[tʃo'rapʲ panta'lon]
stockings (thigh highs)	ciorapi (m pl)	[tʃo'rapʲ]
bathing suit	costum (n) de baie	[kos'tum de 'bae]

35. Headwear

hat	căciulă (f)	[kə'tʃulə]
fedora	pălărie (f)	[pələ'rie]
baseball cap	şapcă (f)	['ʃapkə]
flatcap	chipiu (n)	[ki'piu]

beret	beretă (f)	[be'retə]
hood	glugă (f)	['glugə]
panama hat	panama (f)	[pana'ma]
knitted hat	căciulă (f) împletită	[kə'tʃulə ımple'titə]

| headscarf | basma (f) | [bas'ma] |
| women's hat | pălărie (f) de damă | [pələ'rie de 'damə] |

hard hat	cască (f)	['kaskə]
garrison cap	bonetă (f)	[bo'netə]
helmet	coif (n)	[kojf]

| derby | pălărie (f) | [pələ'rie] |
| top hat | joben (n) | [ʒo'ben] |

36. Footwear

footwear	încălţăminte (f)	[ıŋkəltsə'minte]
ankle boots	ghete (f pl)	['gete]
shoes (low-heeled ~)	pantofi (m pl)	[pan'tofʲ]
boots (cowboy ~)	cizme (f pl)	['tʃizme]
slippers	şlapi (m pl)	[ʃlapʲ]

tennis shoes	adidași (m pl)	[a'didaʃ]
sneakers	teniși (m pl)	['teniʃ]
sandals	sandale (f pl)	[san'dale]

cobbler	cizmar (m)	[tʃiz'mar]
heel	toc (n)	[tok]
pair (of shoes)	pereche (f)	[pe'reke]

shoestring	șiret (n)	[ʃi'ret]
to lace (vt)	a șnurui	[a ʃnuru'i]
shoehorn	lingură (f) pentru pantofi	['liŋurə 'pentru pan'tofʲ]
shoe polish	cremă (f) de ghete	['kremə de 'gete]

37. Personal accessories

gloves	mănuși (f pl)	[mə'nuʃ]
mittens	mănuși (f pl) cu un singur deget	[mə'nuʃ ku un 'siŋur 'dedʒet]
scarf (muffler)	fular (m)	[fu'lar]

glasses	ochelari (m pl)	[oke'larʲ]
frame (eyeglass ~)	ramă (f)	['ramə]
umbrella	umbrelă (f)	[umb'relə]
walking stick	baston (n)	[bas'ton]
hairbrush	perie (f) de păr	[pe'rie de pər]
fan	evantai (n)	[evan'taj]

necktie	cravată (f)	[kra'vatə]
bow tie	papion (n)	[papi'on]
suspenders	bretele (f pl)	[bre'tele]
handkerchief	batistă (f)	[ba'tistə]

comb	pieptene (m)	['pjeptene]
barrette	agrafă (f) (de păr)	[ag'rafə de pər]
hairpin	ac (n) de păr	[ak de pər]
buckle	cataramă (f)	[kata'ramə]

| belt | cordon (n) | [kor'don] |
| shoulder strap | curea (f) | [ku'rʲa] |

bag (handbag)	geantă (f)	['dʒʲantə]
purse	poșetă (f)	[po'ʃetə]
backpack	rucsac (n)	[ruk'sak]

38. Clothing. Miscellaneous

| fashion | modă (f) | ['modə] |
| in vogue (adj) | la modă | [la 'modə] |

fashion designer	modelier (n)	[modeli'er]
collar	guler (n)	['guler]
pocket	buzunar (n)	[buzu'nar]
pocket (as adj)	de buzunar	[de buzu'nar]
sleeve	mânecă (f)	['mɪnekə]
hanging loop	cuier (n)	[ku'jer]
fly (on trousers)	şliţ (n)	[ʃlits]
zipper (fastener)	fermoar (n)	[fermo'ar]
fastener	capsă (f)	['kapsə]
button	nasture (m)	['nasture]
buttonhole	butonieră (f)	[butoni'erə]
to come off (ab. button)	a se rupe	[a se 'rupe]
to sew (vi, vt)	a coase	[a ko'ase]
to embroider (vi, vt)	a broda	[a bro'da]
embroidery	broderie (f)	[brode'rie]
sewing needle	ac (n)	[ak]
thread	aţă (f)	['atsə]
seam	cusătură (f)	[kusə'turə]
to get dirty (vi)	a se murdări	[a se murdə'ri]
stain (mark, spot)	pată (f)	['patə]
to crease, crumple (vi)	a se şifona	[a se ʃifo'na]
to tear (vt)	a rupe	[a 'rupe]
clothes moth	molie (f)	['molie]

39. Personal care. Cosmetics

toothpaste	pastă (f) de dinţi	['pastə de dints]
toothbrush	periuţă (f) de dinţi	[peri'utsə de dints]
to brush one's teeth	a se spăla pe dinţi	[a se spə'la pe dints]
razor	brici (m)	[britʃ]
shaving cream	cremă (f) de bărbierit	['kremə de bərbie'rit]
to shave (vi)	a se bărbieri	[a se bərbie'ri]
soap	săpun (n)	[sə'pun]
shampoo	şampon (n)	[ʃam'pon]
scissors	foarfece (n)	[fo'arfetʃe]
nail file	pilă (f) de unghii	['pilə de 'unjij]
nail clippers	cleştişor (n)	[kleʃti'ʃor]
tweezers	pensetă (f)	[pen'setə]
cosmetics	cosmetică (f)	[kos'metikə]
face mask	mască (f)	['maskə]
manicure	manichiură (f)	[mani'kyrə]
to have a manicure	a face manichiura	[a 'fatʃe mani'kyra]
pedicure	pedichiură (f)	[pedi'kyrə]

make-up bag	trusă (f) de cosmetică	['trusə de kos'metikə]
face powder	pudră (f)	['pudrə]
powder compact	pudrieră (f)	[pudri'erə]
blusher	fard de obraz (n)	[fard de ob'raz]
perfume (bottled)	parfum (n)	[par'fum]
toilet water (perfume)	apă de toaletă (f)	['apə de toa'letə]
lotion	loțiune (f)	[loʦi'une]
cologne	colonie (f)	[ko'lonie]
eyeshadow	fard (n) de pleoape	[fard 'pentru pleo'ape]
eyeliner	creion (n) de ochi	[kre'jon 'pentru okʲ]
mascara	rimel (n)	[ri'mel]
lipstick	ruj (n)	[ruʒ]
nail polish, enamel	ojă (f)	['oʒə]
hair spray	gel (n) de păr	[dʒel de pər]
deodorant	deodorant (n)	[deodo'rant]
cream	cremă (f)	['kremə]
face cream	cremă (f) de față	['kremə de 'faʦə]
hand cream	cremă (f) pentru mâini	['kremə 'pentru mɨɲ]
anti-wrinkle cream	cremă (f) anti-rid	['kremə 'anti rid]
day (as adj)	de zi	[de zi]
night (as adj)	de noapte	[de no'apte]
tampon	tampon (n)	[tam'pon]
toilet paper	hârtie (f) igienică	[hɨr'tie idʒi'enikə]
hair dryer	uscător (n) de păr	[uskə'tor de pər]

40. Watches. Clocks

watch (wristwatch)	ceas (n) de mână	[ʧas de 'mɨnə]
dial	cadran (n)	[kad'ran]
hand (of clock, watch)	acul (n) ceasornicului	['akul ʧasor'nikuluj]
metal watch band	brățară (f)	[brə'ʦarə]
watch strap	curea (f)	[ku'rʲa]
battery	baterie (f)	[bate'rie]
to be dead (battery)	a se termina	[a se termi'na]
to change a battery	a schimba bateria	[a skim'ba bate'rija]
to run fast	a merge înainte	[a 'merdʒe ɨna'inte]
to run slow	a rămâne în urmă	[a rə'mɨne ɨn 'urmə]
wall clock	pendulă (f)	[pen'dulə]
hourglass	clepsidră (f)	[klep'sidrə]
sundial	cadran (n) solar	[kad'ran so'lar]
alarm clock	ceas (n) deșteptător	[ʧas deʃteptə'tor]
watchmaker	ceasornicar (m)	[ʧasorni'kar]
to repair (vt)	a repara	[a repa'ra]

EVERYDAY EXPERIENCE

41. Money

money	bani (m pl)	[banʲ]
currency exchange	schimb (n)	[skimb]
exchange rate	curs (n)	[kurs]
ATM	bancomat (n)	[baŋko'mat]
coin	monedă (f)	[mo'nedə]
dollar	dolar (m)	[do'lar]
euro	euro (m)	['euro]
lira	liră (f)	['lirə]
Deutschmark	marcă (f)	['markə]
franc	franc (m)	[fraŋk]
pound sterling	liră (f) sterlină	['lirə ster'linə]
yen	yen (f)	['jen]
debt	datorie (f)	[dato'rie]
debtor	datornic (m)	[da'tornik]
to lend (money)	a da cu împrumut	[a da ku ɪmpru'mut]
to borrow (vi, vt)	a lua cu împrumut	[a lu'a ku ɪmpru'mut]
bank	bancă (f)	['baŋkə]
account	cont (n)	[kont]
to deposit into the account	a pune în cont	[a 'pune ɪn 'kont]
to withdraw (vt)	a scoate din cont	[a sko'ate din kont]
credit card	carte (f) de credit	['karte de kredit]
cash	numerar (n)	[nume'rar]
check	cec (n)	[tʃek]
to write a check	a scrie un cec	[a 'skrie un tʃek]
checkbook	carte (f) de cecuri	['karte de 'tʃekurʲ]
wallet	portvizit (n)	[portwi'zit]
change purse	portofel (n)	[porto'fel]
billfold	portmoneu (n)	[portmo'neu]
safe	seif (n)	['sejf]
heir	moştenitor (m)	[moʃteni'tor]
inheritance	moştenire (f)	[moʃte'nire]
fortune (wealth)	avere (f)	[a'were]
lease, rent	arendă (f)	[a'rendə]
rent money	chirie (f)	[ki'rie]

to rent (sth from sb)	a închiria	[a ɪŋkiri'ja]
price	preț (n)	[prets]
cost	valoare (f)	[valo'are]
sum	sumă (f)	['sumə]
to spend (vt)	a cheltui	[a keltu'i]
expenses	cheltuieli (f pl)	[keltu'eʎ]
to economize (vi, vt)	a economisi	[a ekonomi'si]
economical	econom	[eko'nom]
to pay (vi, vt)	a plăti	[a plə'ti]
payment	plată (f)	['platə]
change (give the ~)	rest (n)	[rest]
tax	impozit (n)	[im'pozit]
fine	amendă (f)	[a'mendə]
to fine (vt)	a amenda	[a amen'da]

42. Post. Postal service

post office	poștă (f)	['poʃtə]
mail (letters, etc.)	corespondență (f)	[korespon'dentsə]
mailman	poștaș (m)	[poʃ'taʃ]
opening hours	ore (f pl) de lucru	['ore de 'lukru]
letter	scrisoare (f)	[skriso'are]
registered letter	scrisoare (f) recomandată	[skriso'are rekoman'datə]
postcard	carte (f) poștală	['karte poʃ'talə]
telegram	telegramă (f)	[teleg'ramə]
parcel	colet (n)	[ko'let]
money transfer	mandat (n) poștal	[man'dat poʃ'tal]
to receive (vt)	a primi	[a pri'mi]
to send (vt)	a expedia	[a ekspedi'a]
sending	expediere (f)	[ekspedi'ere]
address	adresă (f)	[ad'resə]
ZIP code	cod (n) poștal	[kod poʃ'tal]
sender	expeditor (m)	[ekspedi'tor]
receiver, addressee	destinatar (m)	[destina'tar]
name	prenume (n)	[pre'nume]
family name	nume (n)	['nume]
rate (of postage)	tarif (n)	[ta'rif]
standard (adj)	normal	[nor'mal]
economical (adj)	econom	[eko'nom]
weight	greutate (f)	[greu'tate]
to weigh up (vt)	a cântări	[a kɨntə'ri]

envelope	plic (n)	[plik]
postage stamp	timbru (n)	['timbru]
to stamp an envelope	a lipi timbrul	[a li'pi 'timbrul]

43. Banking

| bank | bancă (f) | ['baŋkə] |
| branch (of bank, etc.) | sucursală (f) | [sukur'salə] |

| bank clerk, consultant | consultant (m) | [konsul'tant] |
| manager (director) | director (m) | [di'rektor] |

banking account	cont (n)	[kont]
account number	numărul (n) contului	['numərul 'kontuluj]
checking account	cont (n) curent	[kont ku'rent]
savings account	cont (n) de acumulare	[kont de akumu'lare]

to open an account	a deschide un cont	[a des'kide 'un 'kont]
to close the account	a închide contul	[a ɪ'ŋkide 'kontul]
to deposit into the account	a pune în cont	[a 'pune ɪn 'kont]
to withdraw (vt)	a extrage din cont	[a ekst'radʒe din kont]

| deposit | depozit (n) | [de'pozit] |
| to make a deposit | a depunea | [a de'pune] |

| wire transfer | transfer (n) | [trans'fer] |
| to wire, to transfer | a transfera | [a transfe'ra] |

| sum | sumă (f) | ['sumə] |
| How much? | Cât? | [kɪt] |

| signature | semnătură (f) | [semnə'turə] |
| to sign (vt) | a semna | [a sem'na] |

| credit card | carte (f) de credit | ['karte de kredit] |
| code | cod (n) | [kod] |

| credit card number | numărul (n) cărţii de credit | ['numərul kərtsij de 'kredit] |

| ATM | bancomat (n) | [baŋko'mat] |

check	cec (n)	[tʃek]
to write a check	a scrie un cec	[a 'skrie un tʃek]
checkbook	carte (f) de cecuri	['karte de 'tʃekurʲ]

loan (bank ~)	credit (n)	['kredit]
to apply for a loan	a solicita un credit	[a 'tʃere pe 'kredit]
to get a loan	a lua pe credit	[a lu'a pe 'kredit]
to give a loan	a acorda credit	[a akor'da 'kredit]
guarantee	garanţie (f)	[garan'tsie]

44. Telephone. Phone conversation

telephone	telefon (n)	[tele'fon]
mobile phone	telefon (n) mobil	[tele'fon mo'bil]
answering machine	răspuns (n) automat	[rəs'puns auto'mat]
to call (telephone)	a suna, a telefona	[a su'na], [a tele'fona]
phone call	apel (n), convorbire (f)	[a'pel], [konvor'bire]
to dial a number	a forma un număr	[a for'ma un 'numər]
Hello!	Alo!	[a'lo]
to ask (vt)	a întreba	[a ɪntre'ba]
to answer (vi, vt)	a răspunde	[a rəs'punde]
to hear (vt)	a auzi	[a au'zi]
well (adv)	bine	['bine]
not well (adv)	rău	['rəu]
noises (interference)	bruiaj (n)	[bru'jaʒ]
receiver	receptor (n)	[retʃep'tor]
to pick up (~ the phone)	a lua receptorul	[a lu'a retʃep'torul]
to hang up (~ the phone)	a pune receptorul	[a 'pune retʃep'torul]
busy (adj)	ocupat	[oku'pat]
to ring (ab. phone)	a suna	[a su'na]
telephone book	carte (f) de telefon	['karte de tele'fon]
local (adj)	local	[lo'kal]
local call	apel (n) local	[a'pel lo'kal]
long distance (~ call)	interurban	[interur'ban]
long-distance call	apel (n) interurban	[a'pel interur'ban]
international (adj)	internațional	[internatsio'nal]
international call	apel (n) internaţional	[a'pel internatsio'nal]

45. Mobile telephone

mobile phone	telefon (n) mobil	[tele'fon mo'bil]
display	ecran (n)	[ek'ran]
button	buton (n)	[bu'ton]
SIM card	cartelă (f) SIM	[kar'telə 'sim]
battery	baterie (f)	[bate'rie]
to be dead (battery)	a se descărca	[a se deskər'ka]
charger	încărcător (m)	[ɪŋkərkə'tor]
menu	meniu (n)	[me'niu]
settings	setări (f)	[se'tərʲ]
tune (melody)	melodie (f)	[melo'die]
to select (vt)	a selecta	[a selek'ta]

calculator	calculator (n)	[kalkula'tor]
voice mail	răspuns (n) automat	[rəs'puns auto'mat]
alarm clock	ceas (n) deşteptător	[tʃas deʃteptə'tor]
contacts	carte (f) de telefoane	['karte de telefo'ane]
SMS (text message)	SMS (n)	[ese'mes]
subscriber	abonat (m)	[abo'nat]

46. Stationery

ballpoint pen	stilou (n)	[sti'lou]
fountain pen	condei (n)	[kon'dej]
pencil	creion (n)	[kreøn]
highlighter	marcher (n)	['marker]
felt-tip pen	carioca (f)	[kari'okə]
notepad	carneţel (n)	[karnə'tsəʎ]
agenda (diary)	agendă (f)	[a'dʒendə]
ruler	riglă (f)	['riglə]
calculator	calculator (f)	[kalkula'tor]
eraser	radieră (f)	[radi'erə]
thumbtack	piuneză (f)	[piu'nezə]
paper clip	clamă (f)	['klamə]
glue	lipici (n)	[li'pitʃ]
stapler	capsator (n)	[kapsa'tor]
hole punch	perforator (n)	[perfo'rator]
pencil sharpener	ascuţitoare (f)	[askutsito'are]

47. Foreign languages

language	limbă (f)	['limbə]
foreign (adj)	străin	[strə'in]
to study (vt)	a studia	[a studi'a]
to learn (language, etc.)	a învăţa	[a ɪnvə'tsa]
to read (vi, vt)	a citi	[a tʃi'ti]
to speak (vi, vt)	a vorbi	[a vor'bi]
to understand (vt)	a înţelege	[a ɪntse'ledʒe]
to write (vt)	a scrie	[a 'skrie]
fast (adv)	repede	['repede]
slowly (adv)	încet	[ɪn'tʃet]
fluently (adv)	liber	['liber]
rules	reguli (f pl)	['reguʎ]
grammar	gramatică (f)	[gra'matikə]

vocabulary	lexic (n)	['leksik]
phonetics	fonetică (f)	[fo'netikə]
textbook	manual (n)	[manu'al]
dictionary	dicționar (n)	[diktsio'nar]
teach-yourself book	manual (n) autodidactic	[manu'al autodi'daktik]
phrasebook	ghid (n) de conversație	[gid de konwer'satsie]
cassette	casetă (f)	[ka'setə]
videotape	casetă (f) video	[ka'setə 'wideo]
CD, compact disc	CD (n)	[si'di]
DVD	DVD (n)	[diwi'di]
alphabet	alfabet (n)	[alfa'bet]
to spell (vt)	a spune pe litere	[a vor'bi pe 'litere]
pronunciation	pronunție (f)	[pro'nuntsie]
accent	accent (n)	[ak'tʃent]
with an accent	cu accent	['ku ak'tʃent]
without an accent	fără accent	['fərə ak'tʃent]
word	cuvânt (n)	[ku'vɪnt]
meaning	sens (n)	[sens]
course (e.g., a French ~)	cursuri (n)	['kursurʲ]
to sign up	a se înscrie	[a se ɪnsk'rie]
teacher	profesor (m)	[pro'fesor]
translation (process)	traducere (f)	[tra'dutʃere]
translation (text, etc.)	traducere (f)	[tra'dutʃere]
translator	traducător (m)	[traduke'tor]
interpreter	translator (m)	[trans'lator]
polyglot	poliglot (m)	[polig'lot]
memory	memorie (f)	[me'morie]

MEALS. RESTAURANT

48. Table setting

spoon	lingură (f)	['liŋurə]
knife	cuțit (n)	[ku'tsit]
fork	furculiță (f)	[furku'litsə]
cup (of coffee)	ceaşcă (f)	['tʃaʃkə]
plate (dinner ~)	farfurie (f)	[farfu'rie]
saucer	farfurioară (f)	[farfurio'arə]
napkin (on table)	şervețel (n)	[ʃərwe'tsel]
toothpick	scobitoare (f)	[skobito'are]

49. Restaurant

restaurant	restaurant (n)	[restau'rant]
coffee house	cafenea (f)	[kafe'ɲa]
pub, bar	bar (n)	[bar]
tearoom	salon (n) de ceai	[sa'lon de tʃaj]
waiter	chelner (m)	['kelner]
waitress	chelneriță (f)	[kelne'ritsə]
bartender	barman (m)	['barman]
menu	meniu (n)	[me'niu]
wine list	meniu (n) de vinuri	[meniu de 'winurʲ]
to book a table	a rezerva o masă	[a rezer'va o 'masə]
course, dish	mâncare (f)	[mɨ'ŋkare]
to order (meal)	a comanda	[a koman'da]
to make an order	a face comandă	[a 'fatʃe ko'mandə]
aperitif	aperitiv (n)	[aperi'tiv]
appetizer	gustare (f)	[gus'tare]
dessert	desert (n)	[de'sert]
check	notă (f) de plată	['notə de 'platə]
to pay the check	a achita nota de plată	[a aki'ta 'nota de 'platə]
to give change	a da rest	[a da 'rest]
tip	bacşiş (n)	[bak'ʃiʃ]

50. Meals

food	mâncare (f)	[mɪ'ŋkare]
to eat (vi, vt)	a mânca	[a mɪ'ŋka]
breakfast	micul dejun (n)	['mikul de'ʒun]
to have breakfast	a lua micul dejun	[a lu'a 'mikul de'ʒun]
lunch	prânz (n)	[prɪnz]
to have lunch	a lua prânzul	[a lu'a 'prɪnzul]
dinner	cină (f)	['ʧinə]
to have dinner	a cina	[a ʧi'na]
appetite	poftă (f) de mâncare	['poftə de mɪ'ŋkare]
Enjoy your meal!	Poftă bună!	['poftə 'bunə]
to open (~ a bottle)	a deschide	[a des'kide]
to spill (liquid)	a vărsa	[a vər'sa]
to spill out (vi)	a se vărsa	[a se vər'sa]
to boil (vi)	a fierbe	[a 'fjerbe]
to boil (vt)	a fierbe	[a 'fjerbe]
boiled (~ water)	fiert	[fjert]
to chill, cool down (vt)	a răci	[a rə'ʧi]
to chill (vi)	a se răci	[a se rə'ʧi]
taste, flavor	gust (n)	[gust]
aftertaste	aromă (f)	[a'romə]
to be on a diet	a slăbi	[a slə'bi]
diet	dietă (f)	[di'etə]
vitamin	vitamină (f)	[wita'minə]
calorie	calorie (f)	[kalo'rie]
vegetarian (n)	vegetarian (m)	[wedʒetari'an]
vegetarian (adj)	vegetarian	[wedʒetari'an]
fats (nutrient)	grăsimi (f pl)	[grə'simʲ]
proteins	proteine (f pl)	[prote'ine]
carbohydrates	hidrați (m pl) de carbon	[hid'raʦ de kar'bon]
slice (of lemon, ham)	felie (f)	[fe'lie]
piece (of cake, pie)	bucată (f)	[bu'katə]
crumb (of bread)	firimitură (f)	[firimi'turə]

51. Cooked dishes

course, dish	fel (n) de mâncare	[fel de mɪ'ŋkare]
cuisine	bucătărie (f)	[bukətə'rie]
recipe	rețetă (f)	[re'ʦetə]
portion	porție (f)	['porʦie]
salad	salată (f)	[sa'latə]

soup	supă (f)	['supə]
clear soup (broth)	supă (f) de carne	['supə de 'karne]
sandwich (bread)	tartină (f)	[tar'tinə]
fried eggs	omletă (f)	[om'letə]

cutlet (croquette)	pârjoală (f)	[pɪrʒo'alə]
hamburger (beefburger)	hamburger (m)	['hamburger]
beefsteak	biftec (n)	[bif'tek]
stew	friptură (f)	[frip'turə]

side dish	garnitură (f)	[garni'turə]
spaghetti	spaghete (f pl)	[spa'gete]
mashed potatoes	piure (n) de cartofi	[py're de kar'tofʲ]
pizza	pizza (f)	['pitsa]
porridge (oatmeal, etc.)	caşă (f)	['kaʃə]
omelet	omletă (f)	[om'letə]

boiled (e.g., ~ beef)	fiert	[fjert]
smoked (adj)	afumat	[afu'mat]
fried (adj)	prăjit	[prə'ʒit]
dried (adj)	uscat	[us'kat]
frozen (adj)	congelat	[kondʒe'lat]
pickled (adj)	marinat	[mari'nat]

sweet (sugary)	dulce	['dultʃe]
salty (adj)	sărat	[sə'rat]
cold (adj)	rece	['retʃe]
hot (adj)	fierbinte	[fjer'binte]
bitter (adj)	amar	[a'mar]
tasty (adj)	gustos	[gus'tos]

to cook in boiling water	a fierbe	[a 'fjerbe]
to cook (dinner)	a găti	[a gə'ti]
to fry (vt)	a prăji	[a prə'ʒi]
to heat up (food)	a încălzi	[a ɪŋkəl'zi]

to salt (vt)	a săra	[a sə'ra]
to pepper (vt)	a pipera	[a pipe'ra]
to grate (vt)	a da prin răzătoare	[a da prin rəzəto'are]
peel (n)	coajă (f)	[ko'aʒə]
to peel (vt)	a curăţa	[a kurə'tsa]

52. Food

meat	carne (f)	['karne]
chicken	carne (f) de găină	['karne de gə'inə]
young chicken	carne (f) de pui	['karne de puj]
duck	carne (f) de raţă	['karne de 'ratsə]
goose	carne (f) de gâscă	['karne de 'gɪskə]
game	vânat (n)	[vɪ'nat]

turkey	carne (f) de curcan	['karne de 'kurkan]
pork	carne (f) de porc	['karne de pork]
veal	carne (f) de vițel	['karne de wi'tsel]
lamb	carne (f) de berbec	['karne de ber'bek]
beef	carne (f) de vită	['karne de 'witə]
rabbit	carne (f) de iepure de casă	['karne de 'epure de 'kasə]

sausage (salami, etc.)	salam (n)	[sa'lam]
vienna sausage	crenvurșt (n)	[kren'vurʃt]
bacon	costiță (f) afumată	[kos'titsə afu'matə]
ham	șuncă (f)	['ʃuŋkə]
gammon (ham)	pulpă (f)	['pulpə]

pâté	pateu (n)	[pa'teu]
liver	ficat (m)	[fi'kat]
lard	slănină (f)	[slə'ninə]
ground beef	carne (f) tocată	['karne to'katə]
tongue	limbă (f)	['limbə]

egg	ou (n)	['ou]
eggs	ouă (n pl)	['ouə]
egg white	albuș (n)	[al'buʃ]
egg yolk	gălbenuș	[gəlbe'nuʃ]

fish	pește (m)	['peʃte]
seafood	produse (n pl) marine	[pro'duse ma'rine]
caviar	icre (f pl) de pește	['ikre de 'peʃte]

crab	crab (m)	[krab]
shrimp	crevetă (f)	[kre'wetə]
oyster	stridie (f)	['stridie]
spiny lobster	langustă (f)	[la'ŋustə]
octopus	caracatiță (f)	[kara'katitsə]
squid	calmar (m)	[kal'mar]

sturgeon	carne (f) de nisetru	['karne de ni'setru]
salmon	somon (m)	[so'mon]
halibut	calcan (m)	[kal'kan]

cod	batog (m)	[ba'tog]
mackerel	macrou (n)	[mak'rou]
tuna	ton (m)	[ton]
eel	țipar (m)	[tsi'par]

trout	păstrăv (m)	[pəst'rəv]
sardine	sardea (f)	[sar'dia]
pike	știucă (f)	['ʃtykə]
herring	scrumbie (f)	[skrum'bie]

| bread | pâine (f) | ['pɪne] |
| cheese | cașcaval (n) | ['brɪnzə] |

sugar	zahăr (n)	['zahər]
salt	sare (f)	['sare]
rice	orez (n)	[o'rez]
pasta	paste (f pl)	['paste]
noodles	tăiţei (m)	[təi'tsej]
butter	unt (n)	['unt]
vegetable oil	ulei (n) vegetal	[u'lej wedʒe'tal]
sunflower oil	ulei (n) de floarea-soarelui	[u'lej de flo'arʲa so'areluj]
margarine	margarină (f)	[marga'rinə]
olives	olive (f pl)	[o'liwe]
olive oil	ulei (n) de măsline	[u'lej de məs'line]
milk	lapte (n)	['lapte]
condensed milk	lapte (n) condensat	['lapte konden'sat]
yogurt	iaurt (n)	[ja'urt]
sour cream	smântână (f)	[smɨn'tɨnə]
cream (of milk)	frişcă (f)	['friʃkə]
mayonnaise	maioneză (f)	[majo'nezə]
buttercream	cremă (f)	['kremə]
cereal grain (wheat, etc.)	crupe (f pl)	['krupe]
flour	făină (f)	[fə'inə]
canned food	conserve (f pl)	[kon'serwe]
cornflakes	fulgi (m pl) de porumb	['fuldʒʲ de po'rumb]
honey	miere (f)	['mjere]
jam	gem (n)	[dʒem]
chewing gum	gumă (f) de mestecat	['gumə de meste'kat]

53. Drinks

water	apă (f)	['apə]
drinking water	apă (f) potabilă	['apə po'tabilə]
mineral water	apă (f) minerală	['apə mine'ralə]
still (adj)	necarbogazoasă	[nekarbogazo'asə]
carbonated (adj)	carbogazoasă	[karbogazo'asə]
sparkling (adj)	gazoasă	[gazo'asə]
ice	gheaţă (f)	['gʲatsə]
with ice	cu gheaţă	[ku 'gʲatsə]
non-alcoholic (adj)	fără alcool	[fərə alko'ol]
soft drink	băutură (f) fără alcool	[bəu'turə fərə alko'ol]
cool soft drink	băutură (f) răcoritoare	[bəu'turə rəkorito'are]
lemonade	limonadă (f)	[limo'nadə]

liquor	băuturi (f pl) alcoolice	[bəu'turʲ alko'olitʃe]
wine	vin (n)	[win]
white wine	vin (n) alb	[win alb]
red wine	vin (n) roşu	[win 'roʃu]

liqueur	lichior (n)	[li'kør]
champagne	şampanie (f)	[ʃam'panie]
vermouth	vermut (n)	[wer'mut]

whisky	whisky (n)	['uiski]
vodka	votcă (f)	['votkə]
gin	gin (n)	[dʒin]
cognac	coniac (n)	[ko'ɲjak]
rum	rom (n)	[rom]

coffee	cafea (f)	[ka'fʲa]
black coffee	cafea (f) neagră	[ka'fʲa 'nagrə]
coffee with milk	cafea (f) cu lapte	[ka'fʲa ku 'lapte]
cappuccino	cafea (f) cu frişcă	[ka'fʲa ku 'friʃkə]
instant coffee	cafea (f) solubilă	[ka'fʲa so'lubilə]

milk	lapte (n)	['lapte]
cocktail	cocteil (n)	[kok'tejl]
milk shake	cocteil (n) din lapte	[kok'tejl din 'lapte]

juice	suc (n)	[suk]
tomato juice	suc (n) de roşii	[suk de 'roʃij]
orange juice	suc (n) de portocale	[suk de porto'kale]
freshly squeezed juice	suc (n) natural	[suk natu'ral]

beer	bere (f)	['bere]
light beer	bere (f) blondă	['bere 'blondə]
dark beer	bere (f) brună	['bere 'brunə]

tea	ceai (n)	[tʃaj]
black tea	ceai (n) negru	[tʃaj 'negru]
green tea	ceai (n) verde	[tʃaj 'werde]

54. Vegetables

| vegetables | legume (f pl) | [le'gume] |
| greens | verdeaţă (f) | [wer'dʲatsə] |

tomato	roşie (f)	['roʃie]
cucumber	castravete (m)	[kastra'wete]
carrot	morcov (m)	['morkov]
potato	cartof (m)	[kar'tof]
onion	ceapă (f)	['tʃapə]
garlic	usturoi (m)	[ustu'roj]
cabbage	varză (f)	['varzə]

63

English	Romanian	IPA
cauliflower	conopidă (f)	[kono'pidə]
Brussels sprouts	varză (f) de Bruxelles	['varzə de bruk'sel]
broccoli	broccoli (m)	['brokoli]
beetroot	sfeclă (f)	['sfeklə]
eggplant	pătlăgea (f) vânătă	[pətlə'dʒʲa 'vɪnətə]
zucchini	dovlecel (m)	[dovle'tʃel]
pumpkin	dovleac (m)	[dov'ʎak]
turnip	nap (m)	[nap]
parsley	pătrunjel (m)	[pətrun'ʒel]
dill	mărar (m)	[mə'rar]
lettuce	salată (f)	[sa'latə]
celery	țelină (f)	['tselinə]
asparagus	sparanghel (m)	[spara'ŋel]
spinach	spanac (n)	[spa'nak]
pea	mazăre (f)	['mazəre]
beans	boabe (f pl)	[bo'abe]
corn (maize)	porumb (m)	[po'rumb]
kidney bean	fasole (f)	[fa'sole]
pepper	piper (m)	[pi'per]
radish	ridiche (f)	[ri'dike]
artichoke	anghinare (f)	[aŋi'nare]

55. Fruits. Nuts

English	Romanian	IPA
fruit	fruct (n)	[frukt]
apple	măr (n)	[mər]
pear	pară (f)	['parə]
lemon	lămâie (f)	[lə'mɪe]
orange	portocală (f)	[porto'kalə]
strawberry	căpșună (f)	[kəp'ʃunə]
mandarin	mandarină (f)	[manda'rinə]
plum	prună (f)	['prunə]
peach	piersică (f)	['pjersikə]
apricot	caisă (f)	[ka'isə]
raspberry	zmeură (f)	['zmeurə]
pineapple	ananas (m)	[ana'nas]
banana	banană (f)	[ba'nanə]
watermelon	pepene (m) verde	['pepene 'werde]
grape	struguri (m pl)	['strugurʲ]
sour cherry	vișină (f)	['wiʃinə]
sweet cherry	cireașă (f)	[tʃi'raʃə]
melon	pepene (m) galben	['pepene 'galben]
grapefruit	grepfrut (n)	['grepfrut]
avocado	avocado (n)	[avo'kado]

papaya	papaia (f)	[pa'paja]
mango	mango (n)	['maŋo]
pomegranate	rodie (f)	['rodie]
redcurrant	coacăză (f) roşie	[ko'akəzə 'roʃie]
blackcurrant	coacăză (f) neagră	[ko'akəzə 'ɲagrə]
gooseberry	agrişă (f)	[ag'riʃə]
bilberry	afină (f)	[a'finə]
blackberry	mură (f)	['murə]
raisin	stafidă (f)	[sta'fidə]
fig	smochină (f)	[smo'kinə]
date	curmală (f)	[kur'malə]
peanut	arahidă (f)	[ara'hidə]
almond	migdală (f)	[mig'dalə]
walnut	nucă (f)	['nukə]
hazelnut	alună (f) de pădure	[a'lunə də pə'dure]
coconut	nucă (f) de cocos	['nukə də 'kokos]
pistachios	fistic (m)	['fistik]

56. Bread. Candy

confectionery (pastry)	produse (n pl) de cofetărie	[pro'duse də kofetə'rie]
bread	pâine (f)	['pɨne]
cookies	biscuit (m)	[bisku'it]
chocolate (n)	ciocolată (f)	[tʃoko'latə]
chocolate (as adj)	de, din ciocolată	[de] / [din tʃoko'latə]
candy	bomboană (f)	[bombo'anə]
cake (e.g., cupcake)	prăjitură (f)	[prəʒi'turə]
cake (e.g., birthday ~)	tort (n)	[tort]
pie (e.g., apple ~)	plăcintă (f)	[plə'tʃintə]
filling (for cake, pie)	umplutură (f)	[umplu'turə]
whole fruit jam	dulceaţă (f)	[dul'tʃatsə]
marmalade	marmeladă (f)	[marme'ladə]
waffle	napolitane (f pl)	[napoli'tane]
ice-cream	îngheţată (f)	[ɨŋe'tsatə]

57. Spices

salt	sare (f)	['sare]
salty (adj)	sărat	[sə'rat]
to salt (vt)	a săra	[a sə'ra]
black pepper	piper (m) negru	[pi'per 'negru]

red pepper	piper (m) roşu	[pi'per 'roʃu]
mustard	muştar (m)	[muʃ'tar]
horseradish	hrean (n)	[hrʲan]

condiment	condiment (n)	[kondi'ment]
spice	condiment (n)	[kondi'ment]
sauce	sos (n)	[sos]
vinegar	oţet (n)	[o'tset]

anise	anason (m)	[ana'son]
basil	busuioc (n)	[busuøk]
cloves	cuişoare (f pl)	[kuiʃo'are]
ginger	ghimber (m)	[gim'ber]
coriander	coriandru (m)	[kori'andru]
cinnamon	scorţişoară (f)	[skortsiʃo'arə]

sesame	susan (m)	[su'san]
bay leaf	foi (f) de dafin	[foj de 'dafin]
paprika	paprică (f)	['paprikə]
caraway	chimen (m)	[ki'men]
saffron	şofran (m)	[ʃof'ran]

PERSONAL INFORMATION. FAMILY

58. Personal information. Forms

name, first name	prenume (n)	[pre'nume]
family name	nume (n)	['nume]
date of birth	data (f) naşterii	['data 'naʃterij]
place of birth	locul (n) naşterii	['lokul 'naʃterij]
nationality	naţionalitate (f)	[natsionali'tate]
place of residence	locul (n) de reşedinţă	['lokul de reʃe'dintsə]
country	ţară (f)	['tsarə]
profession (occupation)	profesie (f)	[pro'fesie]
gender, sex	sex (n)	[seks]
height	înălţime (f)	[ɪnəl'tsime]
weight	greutate (f)	[greu'tate]

59. Family members. Relatives

mother	mamă (f)	['mamə]
father	tată (m)	['tatə]
son	fiu (m)	['fiu]
daughter	fiică (f)	['fijkə]
younger daughter	fiica (f) mai mică	['fijka maj 'mikə]
younger son	fiul (m) mai mic	['fiul maj mik]
eldest daughter	fiica (f) mai mare	['fijka maj 'mare]
eldest son	fiul (m) mai mare	['fiul maj 'mare]
brother	frate (m)	['frate]
sister	soră (f)	['sorə]
cousin (masc.)	văr (m)	[vər]
cousin (fem.)	vară (f)	['varə]
mom	mamă (f)	['mamə]
dad, daddy	tată (m)	['tatə]
parents	părinţi (m pl)	[pə'rints]
child	copil (m)	[ko'pil]
children	copii (m pl)	[ko'pij]
grandmother	bunică (f)	[bu'nikə]
grandfather	bunic (m)	[bu'nik]
grandson	nepot (m)	[ne'pot]

granddaughter	nepoată (f)	[nepo'atə]
grandchildren	nepoți (m pl)	[ne'pots]
uncle	unchi (m)	[uŋkʲ]
aunt	mătușă (f)	[mə'tuʃə]
nephew	nepot (m)	[ne'pot]
niece	nepoată (f)	[nepo'atə]
mother-in-law (wife's mother)	soacră (f)	[so'akrə]
father-in-law (husband's father)	socru (m)	['sokru]
son-in-law (daughter's husband)	cumnat (m)	[kum'nat]
stepmother	mamă vitregă (f)	['mamə 'witregə]
stepfather	tată vitreg (m)	['tatə 'witreg]
infant	sugaci (m)	[su'gatʃ]
baby (infant)	prunc (m)	[pruŋk]
little boy, kid	pici (m)	[pitʃ]
wife	soție (f)	[so'tsie]
husband	soț (m)	[sots]
spouse (husband)	soț (m)	[sots]
spouse (wife)	soție (f)	[so'tsie]
married (masc.)	căsătorit	[kəsəto'rit]
married (fem.)	căsătorită	[kəsəto'ritə]
single (unmarried)	celibatar (m)	[tʃeliba'tar]
bachelor	burlac (m)	[bur'lak]
divorced (masc.)	divorțat	[divor'tsat]
widow	văduvă (f)	[vəduvə]
widower	văduv (m)	[vəduv]
relative	rudă (f)	['rudə]
close relative	rudă (f) apropiată	['rudə apropi'jatə]
distant relative	rudă (f) îndepărtată	['rudə ɪndeper'tatə]
relatives	rude (f pl) de sânge	['rude de 'sɪndʒe]
orphan (boy or girl)	orfan (m)	[or'fan]
guardian (of minor)	tutore (m)	[tu'tore]
to adopt (a boy)	a adopta	[a adop'ta]
to adopt (a girl)	a adopta	[a adop'ta]

60. Friends. Coworkers

friend (masc.)	prieten (m)	[pri'eten]
friend (fem.)	prietenă (f)	[pri'etenə]
friendship	prietenie (f)	[priete'nie]
to be friends	a prieteni	[a priete'ni]

buddy (masc.)	amic (m)	[a'mik]
buddy (fem.)	amică (f)	[a'mikə]
partner	partener (m)	[parte'ner]
chief (boss)	şef (m)	[ʃəf]
superior	director (m)	[di'rektor]
subordinate	subordonat (m)	[subordo'nat]
colleague	coleg (m)	[ko'leg]
acquaintance (person)	cunoscut (m)	[kunos'kut]
fellow traveler	tovarăş (m) de drum	[to'varəʃ de drum]
classmate	coleg (m) de clasă	[ko'leg de 'klasə]
neighbor (masc.)	vecin (m)	[we'tʃin]
neighbor (fem.)	vecină (f)	[we'tʃinə]
neighbors	vecini (m pl)	[we'tʃiɲ]

HUMAN BODY. MEDICINE

61. Head

head	cap (n)	[kap]
face	față (f)	['fatsə]
nose	nas (n)	[nas]
mouth	gură (f)	['gurə]
eye	ochi (m)	[okʲ]
eyes	ochi (m pl)	[okʲ]
pupil	pupilă (f)	[pu'pilə]
eyebrow	sprânceană (f)	[sprın'tʃanə]
eyelash	geană (f)	['dʒʲanə]
eyelid	pleoapă (f)	[pleo'apə]
tongue	limbă (f)	['limbə]
tooth	dinte (m)	['dinte]
lips	buze (f pl)	['buze]
cheekbones	pomeți (m pl)	[po'mets]
gum	gingie (f)	[dʒin'dʒie]
palate	palat (n)	[pa'lat]
nostrils	nări (f pl)	[nərʲ]
chin	bărbie (f)	[bər'bie]
jaw	maxilar (n)	[maksi'lar]
cheek	obraz (m)	[ob'raz]
forehead	frunte (f)	['frunte]
temple	tâmplă (f)	['tımplə]
ear	ureche (f)	[u'reke]
back of the head	ceafă (f)	['tʃʲafə]
neck	gât (n)	[gıt]
throat	gât (n)	[gıt]
hair	păr (m)	[pər]
hairstyle	coafură (f)	[koa'furə]
haircut	tunsoare (f)	[tunso'are]
wig	perucă (f)	[pe'rukə]
mustache	mustăți (f pl)	[mus'tets]
beard	barbă (f)	['barbə]
to have (a beard, etc.)	a purta	[a pur'ta]
braid	cosiță (f)	[ko'sitsə]
sideburns	favoriți (m pl)	[favo'rits]
red-haired (adj)	roșcat	[roʃ'kat]

gray (hair)	cărunt (f)	[kə'runt]
bald (adj)	chel	[kel]
bald patch	chelie (f)	[ke'lie]

| ponytail | coadă (f) | [ko'adə] |
| bangs | breton (n) | [bre'ton] |

62. Human body

| hand | mână (f) | ['mɪnə] |
| arm | braţ (n) | [brats] |

finger	deget (n)	['dedʒet]
thumb	degetul (n) mare	['dedʒetul 'mare]
little finger	degetul (n) mic	['dedʒetul mik]
nail	unghie (f)	['uɲie]

fist	pumn (m)	[pumn]
palm	palmă (f)	['palmə]
wrist	încheietura (f) mâinii	[ɪŋkeje'tura 'mɪnij]
forearm	antebraţ (n)	[anteb'rats]
elbow	cot (n)	[kot]
shoulder	umăr (m)	['umər]

leg	picior (n)	[pi'tʃor]
foot	talpă (f)	['talpə]
knee	genunchi (n)	[dʒe'nuŋkʲ]
calf (part of leg)	pulpă (f)	['pulpə]

| hip | coapsă (f) | [ko'apsə] |
| heel | călcâi (n) | [kəl'kɪj] |

body	corp (n)	[korp]
stomach	burtă (f)	['burtə]
chest	piept (n)	[pjept]
breast	sân (m)	[sɪn]
flank	coastă (f)	[ko'astə]

back	spate (n)	['spate]
lower back	regiune (f) lombară	[redʒi'une lom'barə]
waist	talie (f)	['talie]

navel	buric (n)	[bu'rik]
buttocks	fese (f pl)	['fese]
bottom	şezut (n)	[ʃə'zut]

beauty mark	aluniţă (f)	[alu'nitsə]
birthmark	semn (n) din naştere	[semn din 'naʃtere]
tattoo	tatuaj (n)	[tatu'aʒ]
scar	cicatrice (f)	[tʃikat'ritʃe]

63. Diseases

sickness	boală (f)	[bo'alə]
to be sick	a fi bolnav	[a fi bol'nav]
health	sănătate (f)	[sənə'tate]
runny nose (coryza)	guturai (n)	[gutu'raj]
angina	anghină (f)	[a'ŋinə]
cold (illness)	răceală (f)	[rə'tʃalə]
to catch a cold	a răci	[a rə'tʃi]
bronchitis	bronşită (f)	[bron'ʃitə]
pneumonia	pneumonie (f)	[pneumo'nie]
flu, influenza	gripă (f)	['gripə]
near-sighted (adj)	miop	[mi'op]
far-sighted (adj)	prezbit	[prez'bit]
strabismus (crossed eyes)	strabism (n)	[stra'bism]
cross-eyed (adj)	saşiu	[sa'ʃiu]
cataract	cataractă (f)	[kata'raktə]
glaucoma	glaucom (n)	[glau'kom]
stroke	congestie (f)	[kon'dʒestie]
heart attack	infarct (n)	[in'farkt]
myocardial infarction	infarct (n) miocardic	[in'farkt mio'kardik]
paralysis	paralizie (f)	[parali'zie]
to paralyze (vt)	a paraliza	[a parali'za]
allergy	alergie (f)	[aler'dʒie]
asthma	astmă (f)	['astmə]
diabetes	diabet (n)	[dia'bet]
toothache	durere (f) de dinţi	[du'rere de dintsʲ]
caries	carie (f)	['karie]
diarrhea	diaree (f)	[dia're:]
constipation	constipaţie (f)	[konsti'patsie]
stomach upset	deranjament (n) la stomac	[deranʒa'ment la sto'mak]
food poisoning	intoxicare (f)	[intoksi'kare]
to have a food poisoning	a se intoxica	[a se intoksi'ka]
arthritis	artrită (f)	[art'ritə]
rickets	rahitism (n)	[rahi'tism]
rheumatism	reumatism (n)	[reuma'tism]
atherosclerosis	ateroscleroză (f)	[arterioskle'rozə]
gastritis	gastrită (f)	[gast'ritə]
appendicitis	apendicită (f)	[apendi'tʃitə]
cholecystitis	colecistită (f)	[koletʃis'titə]
ulcer	ulcer (n)	[ul'tʃer]

measles	pojar	[po'ʒar]
German measles	rubeolă (f)	[ruʒe'ole]
jaundice	icter (n)	['ikter]
hepatitis	hepatită (f)	[hepa'tite]

schizophrenia	schizofrenie (f)	[skizofre'nie]
rabies (hydrophobia)	turbare (f)	[tur'bare]
neurosis	nevroză (f)	[nev'roze]
concussion	comoție (f) cerebrală	[ko'motsie tʃereb'rale]

cancer	cancer (n)	['kantʃer]
sclerosis	scleroză (f)	[skle'roze]
multiple sclerosis	scleroză multiplă (f)	[skle'roze mul'tiple]

alcoholism	alcoolism (n)	[alko:'lizm]
alcoholic (n)	alcoolic (m)	[alko'olik]
syphilis	sifilis (n)	['sifilis]
AIDS	SIDA (f)	['sida]

tumor	tumoare (f)	[tumo'are]
malignant (adj)	malignă	[ma'ligne]
benign (adj)	benignă	[be'nigne]

fever	friguri (n pl)	['friguri]
malaria	malarie (f)	[mala'rie]
gangrene	cangrenă (f)	[kaŋ'rene]
seasickness	rău (n) de mare	[reu de 'mare]
epilepsy	epilepsie (f)	[epilep'sie]

epidemic	epidemie (f)	[epide'mie]
typhus	tifos (n)	['tifos]
tuberculosis	tuberculoză (f)	[tuberku'loze]
cholera	holeră (f)	['holere]
plague (bubonic ~)	ciumă (f)	['tʃume]

64. Symptoms. Treatments. Part 1

symptom	simptom (n)	[simp'tom]
temperature	temperatură (f)	[tempera'ture]
high temperature	febră (f)	['febre]
pulse	puls (n)	[puls]

giddiness	amețeală (f)	[ame'tsʲale]
hot (adj)	fierbinte	[fjer'binte]
shivering	frisoane (n pl)	[friso'ane]
pale (e.g., ~ face)	palid	['palid]

cough	tuse (f)	['tuse]
to cough (vi)	a tuși	[a tu'ʃi]
to sneeze (vi)	a strănuta	[a strenu'ta]

faint	**leşin** (n)	[le'ʃin]
to faint (vi)	**a leşina**	[a leʃi'na]

bruise (hématome)	**vânătaie** (f)	[vɪnə'tae]
bump (lump)	**cucui** (n)	[ku'kuj]
to bruise oneself	**a se lovi**	[a se lo'wi]
bruise (contusion)	**contuzie** (f)	[kon'tuzie]
to get bruised	**a se lovi**	[a se lo'wi]

to limp (vi)	**a şchiopăta**	[a ʃkøpə'ta]
dislocation	**luxaţie** (f)	[luk'satsie]
to dislocate (vt)	**a luxa**	[a luk'sa]
fracture	**fractură** (f)	[frak'turə]
to have a fracture	**a fractura**	[a fraktu'ra]

cut (e.g., paper ~)	**tăietură** (f)	[təe'turə]
to cut oneself	**a se tăia**	[a se tə'ja]
bleeding	**sângerare** (f)	[sɪndʒe'rare]

burn (injury)	**arsură** (f)	[ar'surə]
to scald oneself	**a se frige**	[a se 'fridʒe]

to prick (vt)	**a înţepa**	[a ɪntse'pa]
to prick oneself	**a se înţepa**	[a s ɪntse'pa]
to injure (vt)	**a se răni**	[a se rə'ni]
injury	**vătămare** (f)	[vətə'mare]
wound	**rană** (f)	['ranə]
trauma	**traumă** (f)	['traumə]

to be delirious	**a delira**	[a deli'ra]
to stutter (vi)	**a se bâlbâi**	[a se bɪlbɪ'i]
sunstroke	**insolaţie** (f)	[inso'latsie]

65. Symptoms. Treatments. Part 2

pain	**durere** (f)	[du'rere]
splinter (in foot, etc.)	**ghimpe** (m)	['gimpe]

sweat (perspiration)	**transpiraţie** (f)	[transpi'ratsie]
to sweat (perspire)	**a transpira**	[a transpi'ra]
vomiting	**vomă** (f)	['vomə]
convulsions	**convulsii** (f pl)	[kon'vulsij]

pregnant (adj)	**gravidă** (f)	[gra'widə]
to be born	**a se naşte**	[a se 'naʃte]
delivery, labor	**naştere** (f)	['naʃtere]
to deliver (~ a baby)	**a naşte**	[a 'naʃte]
abortion	**avort** (n)	[a'vort]
breathing, respiration	**respiraţie** (f)	[respi'ratsie]
inhalation	**inspiraţie** (f)	[inspi'ratsie]

exhalation	expirație (f)	[ekspi'ratsie]
to exhale (vi)	a expira	[a ekspi'ra]
to inhale (vi)	a inspira	[a inspi'ra]

disabled person	invalid (m)	[inva'lid]
cripple	infirm (m)	[in'firm]
drug addict	narcoman (m)	[narko'man]

deaf (adj)	surd	[surd]
dumb, mute	mut	[mut]
deaf-and-dumb (adj)	surdo-mut	[surdo'mut]

mad, insane (adj)	nebun	[ne'bun]
madman	nebun (m)	[ne'bun]
madwoman	nebună (f)	[ne'bunə]
to go insane	a înnebuni	[a ɪŋebu'ni]

gene	genă (f)	['dʒenə]
immunity	imunitate (f)	[imuni'tate]
hereditary (adj)	ereditar	[eredi'tar]
congenital (adj)	congenital	[kondʒeni'tal]

virus	virus (m)	['wirus]
microbe	microb (m)	[mik'rob]
bacterium	bacterie (f)	[bak'terie]
infection	infecție (f)	[in'fektsie]

66. Symptoms. Treatments. Part 3

| hospital | spital (n) | [spi'tal] |
| patient | pacient (m) | [patʃi'ent] |

diagnosis	diagnostic (n)	[diag'nostik]
cure	tratament (n)	[trata'ment]
to get treatment	a urma tratament	[a ur'ma trata'ment]
to treat (vt)	a trata	[a tra'ta]
to nurse (look after)	a îngriji	[a ɪŋri'ʒi]
care (nursing ~)	îngrijire (f)	[ɪŋri'ʒire]

operation, surgery	operație (f)	[ope'ratsie]
to bandage (head, limb)	a pansa	[a pan'sa]
bandaging	pansare (f)	[pan'sare]

vaccination	vaccin (n)	[vak'tʃin]
to vaccinate (vt)	a vaccina	[a vaktʃi'na]
injection, shot	injecție (f)	[in'ʒektsie]
to give an injection	a face injecție	[a 'fatʃe in'ʒektsie]

| amputation | amputare (f) | [ampu'tare] |
| to amputate (vt) | a amputa | [a ampu'ta] |

coma	comă (f)	['komə]
to be in a coma	a fi în comă	[a fi ın 'komə]
intensive care	reanimare (f)	[reani'mare]
to recover (~ from flu)	a se vindeca	[a se winde'ka]
state (patient's ~)	stare (f)	['stare]
consciousness	conştiinţă (f)	[konʃti'intsə]
memory (faculty)	memorie (f)	[me'morie]
to extract (tooth)	a extrage	[a ekst'radʒe]
filling	plombă (f)	['plombə]
to fill (a tooth)	a plomba	[a plom'ba]
hypnosis	hipnoză (f)	[hip'nozə]
to hypnotize (vt)	a hipnotiza	[a hipnoti'za]

67. Medicine. Drugs. Accessories

medicine, drug	medicament (n)	[medika'ment]
remedy	remediu (n)	[re'mediu]
prescription	reţetă (f)	[re'tsetə]
tablet, pill	pastilă (f)	[pas'tilə]
ointment	unguent (n)	[uŋu'ent]
ampule	fiolă (f)	[fi'olə]
mixture	mixtură (f)	[miks'turə]
syrup	sirop (n)	[si'rop]
pill	pilulă (f)	[pi'lulə]
powder	praf (n)	[praf]
bandage	bandaj (n)	[ban'daʒ]
cotton wool	vată (f)	['vatə]
iodine	iod (n)	[jod]
Band-Aid	leucoplast (n)	[leukop'last]
eyedropper	pipetă (f)	[pi'petə]
thermometer	termometru (n)	[termo'metru]
syringe	seringă (f)	[se'riŋə]
wheelchair	cărucior (n) pentru invalizi	[kəru'tʃor 'pentru inva'lizʲ]
crutches	cârje (f pl)	['kırʒe]
painkiller	anestezic (n)	[anes'tezik]
laxative	laxativ (n)	[laksa'tiv]
spirit (ethanol)	spirt (n)	[spirt]
medicinal herbs	plante (f pl) medicinale	['plante meditʃi'nale]
herbal (~ tea)	din plante medicinale	[din 'plante meditʃi'nale]

APARTMENT

68. Apartment

apartment	**apartament** (n)	[aparta'ment]
room	**cameră** (f)	['kamerə]
bedroom	**dormitor** (n)	[dormi'tor]
dining room	**sufragerie** (f)	[sufradʒe'rie]
living room	**salon** (n)	[sa'lon]
study (home office)	**cabinet** (n)	[kabi'net]
entry room	**antreu** (n)	[ant'reu]
bathroom	**baie** (f)	['bae]
half bath	**toaletă** (f)	[toa'letə]
ceiling	**pod** (n)	[pod]
floor	**podea** (f)	[po'dʲa]
corner	**colț** (n)	[kolts]

69. Furniture. Interior

furniture	**mobilă** (f)	['mobilə]
table	**masă** (f)	['masə]
chair	**scaun** (n)	['skaun]
bed	**pat** (n)	[pat]
couch, sofa	**divan** (n)	[di'van]
armchair	**fotoliu** (n)	[fo'toliu]
bookcase	**dulap** (n) **de cărți**	[du'lap de kərts]
shelf	**raft** (n)	[raft]
set of shelves	**etajeră** (f)	[eta'ʒerə]
wardrobe	**dulap** (n) **de haine**	[du'lap de 'hajne]
coat rack	**cuier** (n)	[ku'jer]
coat stand	**cuier** (n)	[ku'jer]
dresser	**comodă** (f)	[ko'modə]
coffee table	**măsuță** (f)	[mə'sutsə]
mirror	**oglindă** (f)	[og'lində]
carpet	**covor** (n)	[ko'vor]
rug, small carpet	**carpetă** (f)	[kar'petə]
fireplace	**șemineu** (n)	[ʃəmi'neu]
candle	**lumânare** (f)	[lumɨ'nare]

candlestick	sfeşnic (n)	['sfeʃnik]
drapes	draperii (f pl)	[drape'rij]
wallpaper	tapet (n)	[ta'pet]
blinds (jalousie)	jaluzele (f pl)	[ʒalu'zele]

table lamp	lampă (f) de birou	['lampə de bi'rou]
wall lamp (sconce)	lampă (f)	['lampə]
floor lamp	lampă (f) cu picior	['lampə ku pi'ʧor]
chandelier	lustră (f)	['lustrə]

leg (of chair, table)	picior (n)	[pi'ʧor]
armrest	braţ (n) la fotoliu	['brats la fo'toliu]
back (backrest)	spătar (n)	[spə'tar]
drawer	sertar (n)	[ser'tar]

70. Bedding

bedclothes	lenjerie (f)	[lenʒe'rie]
pillow	pernă (f)	['pernə]
pillowcase	faţă (f) de pernă	['fatsə de 'pernə]
blanket (comforter)	plapumă (f)	['plapumə]
sheet	cearşaf (n)	[ʧar'ʃaf]
bedspread	pătură (f)	[pəturə]

71. Kitchen

kitchen	bucătărie (f)	[bukətə'rie]
gas	gaz (n)	[gaz]
gas cooker	aragaz (n)	[ara'gaz]
electric cooker	plită (f) electrică	['plitə e'lektrikə]
oven	cuptor (n)	[kup'tor]
microwave oven	cuptor (n) cu microunde	[kup'tor ku mikro'unde]

refrigerator	frigider (n)	[friʤi'der]
freezer	congelator (n)	[konʤela'tor]
dishwasher	maşină (f) de spălat vase	[ma'ʃinə de spə'lat 'vase]

meat grinder	maşină (f) de tocat carne	[ma'ʃinə de to'kat 'karne]
juicer	storcător (n)	[storkə'tor]
toaster	prăjitor (n) de pâine	[prəʒi'tor de 'pɪne]
mixer	mixer (n)	['mikser]

coffee maker	fierbător (n) de cafea	[fjerbə'tor de ka'fʲa]
coffee pot	ibric (n)	[ib'rik]
coffee grinder	râşniţă (f) de cafea	['rɪʃnitsə de ka'fʲa]

| kettle | ceainic (n) | ['ʧajnik] |
| teapot | ceainic (n) | ['ʧajnik] |

lid	capac (n)	[ka'pak]
tea strainer	strecurătoare (f)	[strekurəto'are]
spoon	lingură (f)	['liŋurə]
teaspoon	linguriță (f) de ceai	[liŋu'ritsə de tʃaj]
tablespoon	lingură (f)	['liŋurə]
fork	furculiță (f)	[furku'litsə]
knife	cuțit (n)	[ku'tsit]
tableware (dishes)	vase (n pl)	['vase]
plate (dinner ~)	farfurie (f)	[farfu'rie]
saucer	farfurioară (f)	[farfurio'arə]
shot glass	păhărel (n)	[pəhə'rel]
glass (~ of water)	pahar (n)	[pa'har]
cup	ceașcă (f)	['tʃaʃkə]
sugar bowl	zaharniță (f)	[za'harnitsə]
salt shaker	solniță (f)	['solnitsə]
pepper shaker	piperniță (f)	[pi'pernitsə]
butter dish	untieră (f)	[unti'erə]
saucepan	cratiță (f)	['kratitsə]
frying pan	tigaie (f)	[ti'gae]
ladle	polonic (n)	[polo'nik]
colander	strecurătoare (f)	[strekurəto'are]
tray	tavă (f)	['tavə]
bottle	sticlă (f)	['stiklə]
jar (glass)	borcan (n)	[bor'kan]
can	cutie (f)	[ku'tie]
bottle opener	deschizător (n) de sticle	[deskizə'tor de 'stikle]
can opener	deschizător (n) de conserve	[deskizə'tor de kon'serwe]
corkscrew	tirbușon (n)	[tirbu'ʃon]
filter	filtru (n)	['filtru]
to filter (vt)	a filtra	[a filt'ra]
trash	gunoi (n)	[gu'noj]
trash can	coș (n) de gunoi	[koʃ de gu'noj]

72. Bathroom

bathroom	baie (f)	['bae]
water	apă (f)	['apə]
tap, faucet	robinet (n)	[robi'net]
hot water	apă (f) fierbinte	['apə fjer'binte]
cold water	apă (f) rece	['apə 'retʃe]
toothpaste	pastă (f) de dinți	['pastə de dints]

to brush one's teeth	a se spăla pe dinți	[a se spə'la pe dints]
to shave (vi)	a se bărbieri	[a se bərbie'ri]
shaving foam	spumă (f) de ras	['spumə de 'ras]
razor	brici (n)	['britʃ]

to wash (one's hands, etc.)	a spăla	[a spə'la]
to take a bath	a se spăla	[a se spə'la]
shower	duş (n)	[duʃ]
to take a shower	a face duş	[a 'fatʃe duʃ]

bathtub	cadă (f)	['kadə]
toilet (toilet bowl)	closet (n)	[klo'set]
sink (washbasin)	chiuvetă (f)	[ky'wetə]

| soap | săpun (n) | [sə'pun] |
| soap dish | săpunieră (f) | [səpuni'erə] |

sponge	burete (n)	[bu'rete]
shampoo	şampon (n)	[ʃam'pon]
towel	prosop (n)	[pro'sop]
bathrobe	halat (n)	[ha'lat]

laundry (process)	spălat (n)	[spə'lat]
washing machine	maşină (f) de spălat	[ma'ʃinə de spə'lat]
to do the laundry	a spăla haine	[a spə'la 'hajne]
laundry detergent	detergent (n)	[deter'dʒent]

73. Household appliances

TV set	televizor (n)	[telewi'zor]
tape recorder	casetofon (n)	[kaseto'fon]
video, VCR	videomagnetofon (n)	[wideomagneto'fon]
radio	aparat (n) de radio	[apa'rat de 'radio]
player (CD, MP3, etc.)	CD player (n)	[si'di 'ple:r]

video projector	proiector (n) video	[proek'tor 'wideo]
home movie theater	sistem (n) home cinema	[sis'tem 'houm 'sinema]
DVD player	DVD-player (n)	[diwi'di 'ple:r]
amplifier	amplificator (n)	[amplifi'kator]
video game console	consolă (f) de jocuri	[kon'solə de 'ʒokurʲ]

video camera	cameră (f) video	['kamerə 'wideo]
camera (photo)	aparat (n) foto	[apa'rat 'foto]
digital camera	aparat (n) foto digital	[apa'rat 'foto didʒi'tal]

vacuum cleaner	aspirator (n)	[aspira'tor]
iron (e.g., steam ~)	fier (n) de călcat	['fjer de kəl'kat]
ironing board	masă (f) de călcat	['masə de kəl'kat]
telephone	telefon (n)	[tele'fon]
mobile phone	telefon (n) mobil	[tele'fon mo'bil]

| typewriter | mașină (f) de scris | [ma'ʃinə de 'skris] |
| sewing machine | mașină (f) de cusut | [ma'ʃinə de ku'sut] |

microphone	microfon (n)	[mikro'fon]
headphones	căști (f pl)	[kəʃtʲ]
remote control (TV)	telecomandă (f)	[teleko'mandə]

CD, compact disc	CD (n)	[si'di]
cassette	casetă (f)	[ka'setə]
vinyl record	placă (f)	['plakə]

THE EARTH. WEATHER

74. Outer space

cosmos	cosmos (n)	['kosmos]
space (as adj)	cosmic	['kosmik]
outer space	spațiu (n) cosmic	['spatsiu 'kosmik]
universe	univers (n)	[uni'wers]
galaxy	galaxie (f)	[galak'sie]
star	stea (f)	[st'a]
constellation	constelație (f)	[konste'latsie]
planet	planetă (f)	[pla'netə]
satellite	satelit (m)	[sate'lit]
meteorite	meteorit (m)	[meteo'rit]
comet	cometă (f)	[ko'metə]
asteroid	asteroid (m)	[astero'id]
orbit	orbită (f)	[or'bitə]
to revolve (~ around the Earth)	a se roti	[a se ro'ti]
atmosphere	atmosferă (f)	[atmos'ferə]
the Sun	soare (n)	[so'are]
solar system	sistem (n) solar	[sis'tem so'lar]
solar eclipse	eclipsă (f) de soare	[ek'lipsə de so'are]
the Earth	Pământ (n)	[pə'mɨnt]
the Moon	Lună (f)	['lunə]
Mars	Marte (n)	['marte]
Venus	Venera (f)	[we'nera]
Jupiter	Jupiter (m)	['ʒupiter]
Saturn	Saturn (m)	[sa'turn]
Mercury	Mercur (m)	[mer'kur]
Uranus	Uranus (m)	[u'ranus]
Neptune	Neptun (m)	[nep'tun]
Pluto	Pluto (m)	['pluto]
Milky Way	Calea (f) Lactee	['kaʎa lak'te:]
Great Bear	Ursa (f) mare	['ursa 'mare]
North Star	Steaua (f) polară	['st'aua po'larə]
Martian	marțian (m)	[martsi'an]
extraterrestrial (n)	extraterestru (m)	[ekstrate'restru]

| alien | extraterestru (m) | [ekstrate'restru] |
| flying saucer | farfurie (f) zburătoare | [farfu'rie zbureto'are] |

spaceship	navă (f) spațială	['nave spatsi'ale]
space station	stație (f) orbitală	['statsie orbi'tale]
blast-off	start (n)	[start]

engine	motor (n)	[mo'tor]
nozzle	ajutaj (n)	[aʒu'taʒ]
fuel	combustibil (m)	[kombus'tibil]

cockpit, flight deck	cabină (f)	[ka'bine]
antenna	antenă (f)	[an'tene]
porthole	hublou (n)	[hub'lou]
solar battery	baterie (f) solară	[bate'rie so'lare]
spacesuit	scafandru (m)	[ska'fandru]

| weightlessness | imponderabilitate (f) | [imponderabili'tate] |
| oxygen | oxigen (n) | [oksi'dʒen] |

| docking (in space) | unire (f) | [u'nire] |
| to dock (vi, vt) | a uni | [a u'ni] |

observatory	observator (n) astronomic	[observa'tor astro'nomik]
telescope	telescop (n)	[teles'kop]
to observe (vt)	a observa	[a obser'va]
to explore (vt)	a cerceta	[a tʃertʃe'ta]

75. The Earth

the Earth	Pământ (n)	[pə'mɨnt]
globe (the Earth)	globul (n) pământesc	['globul pəmɨn'tesk]
planet	planetă (f)	[pla'nete]

atmosphere	atmosferă (f)	[atmos'fere]
geography	geografie (f)	[dʒeogra'fie]
nature	natură (f)	[na'ture]

globe (table ~)	glob (n)	[glob]
map	hartă (f)	['harte]
atlas	atlas (n)	[at'las]

Europe	Europa (f)	[eu'ropa]
Asia	Asia (f)	['asija]
Africa	Africa (f)	['afrika]
Australia	Australia (f)	[aust'ralija]

| America | America (f) | [a'merika] |
| North America | America (f) de Nord | [a'merika de nord] |

South America	**America** (f) **de Sud**	[a'merika de sud]
Antarctica	**Antarctida** (f)	[antark'tida]
the Arctic	**Arctica** (f)	['arktika]

76. Cardinal directions

north	**nord** (n)	[nord]
to the north	**la nord**	[la nord]
in the north	**la nord**	[la nord]
northern (adj)	**de nord**	[de nord]

south	**sud** (n)	[sud]
to the south	**la sud**	[la sud]
in the south	**la sud**	[la sud]
southern (adj)	**de sud**	[de sud]

west	**vest** (n)	[west]
to the west	**la vest**	[la west]
in the west	**la vest**	[la west]
western (adj)	**de vest**	[de west]

east	**est** (n)	[est]
to the east	**la est**	[la est]
in the east	**la est**	[la est]
eastern (adj)	**de est**	[de est]

77. Sea. Ocean

sea	**mare** (f)	['mare]
ocean	**ocean** (n)	[otʃe'an]
gulf (bay)	**golf** (n)	[golf]
straits	**strâmtoare** (f)	[strımto'are]

continent (mainland)	**continent** (n)	[konti'nent]
island	**insulă** (f)	['insulə]
peninsula	**peninsulă** (f)	[pe'ninsulə]
archipelago	**arhipelag** (n)	[arhipe'lag]

bay, cove	**golf** (n)	[golf]
harbor	**port** (n)	[port]
lagoon	**lagună** (f)	[la'gunə]
cape	**cap** (n)	[kap]

atoll	**atol** (m)	[a'tol]
reef	**recif** (m)	[re'ʧif]
coral	**coral** (m)	[ko'ral]
coral reef	**recif** (m) **de corali**	[re'ʧif de ko'raʎ]
deep (adj)	**adânc**	[a'dıŋk]

depth (deep water)	adâncime (f)	[adɪnˈtʃime]
abyss	abis (n)	[aˈbis]
trench (e.g., Mariana ~)	groapă (f)	[groˈapə]

| current, stream | curent (n) | [kuˈrent] |
| to surround (bathe) | a spăla | [a spəˈla] |

| shore | mal (n) | [mal] |
| coast | litoral (n) | [litoˈral] |

high tide	flux (n)	[fluks]
low tide	reflux (n)	[refˈluks]
sandbank	banc (n) de nisip	[baŋk de niˈsip]
bottom	fund (n)	[fund]

wave	val (n)	[val]
crest (~ of a wave)	creasta (f) valului	[ˈkrʲasta ˈvaluluj]
froth (foam)	spumă (f)	[ˈspumə]

storm	furtună (f)	[furˈtunə]
hurricane	uragan (m)	[uraˈgan]
tsunami	tsunami (n)	[ʦuˈnami]
calm (dead ~)	timp (n) calm	[timp kalm]
quiet, calm (adj)	liniştit	[liniʃˈtit]

| pole | pol (n) | [pol] |
| polar (adj) | polar | [poˈlar] |

latitude	longitudine (f)	[londʒiˈtudine]
longitude	latitudine (f)	[latiˈtudine]
parallel	paralelă (f)	[paraˈlelə]
equator	ecuator (n)	[ekuaˈtor]

sky	cer (n)	[tʃer]
horizon	orizont (n)	[oriˈzont]
air	aer (n)	[ˈaer]

lighthouse	far (n)	[far]
to dive (vi)	a se scufunda	[a se skufunˈda]
to sink (ab. boat)	a se duce la fund	[a se dutʃe ʎa fund]
treasures	comoară (f)	[komoˈarə]

78. Seas' and Oceans' names

Atlantic Ocean	Oceanul (n) Atlantic	[otʃeˈanul atˈlantik]
Indian Ocean	Oceanul (n) Indian	[oˈtʃanul indiˈan]
Pacific Ocean	Oceanul (n) Pacific	[oˈtʃanul paˈtʃifik]
Arctic Ocean	Oceanul (n) Îngheţat de Nord	[oˈtʃanul ɨɲeˈtsat de nord]
Black Sea	Marea (f) Neagră	[ˈmarʲa ˈɲagrə]

Red Sea	**Marea** (f) **Roşie**	['marʲa 'roʃie]
Yellow Sea	**Marea** (f) **Galbenă**	['marʲa 'galbenə]
White Sea	**Marea** (f) **Albă**	['marʲa 'albə]
Caspian Sea	**Marea** (f) **Caspică**	['marʲa 'kaspikə]
Dead Sea	**Marea** (f) **Moartă**	['marʲa mo'artə]
Mediterranean Sea	**Marea** (f) **Mediterană**	['marʲa medite'ranə]
Aegean Sea	**Marea** (f) **Egee**	['marʲa e'dʒe:]
Adriatic Sea	**Marea** (f) **Adriatică**	['marʲa adri'atikə]
Arabian Sea	**Marea** (f) **Arabiei**	['marʲa a'rabiej]
Sea of Japan	**Marea** (f) **Japoneză**	['marʲa ʒapo'nezə]
Bering Sea	**Marea** (f) **Bering**	['marʲa 'beriŋ]
South China Sea	**Marea** (f) **Chinei de Sud**	['marʲa 'kinej de sud]
Coral Sea	**Marea** (f) **Coral**	['marʲa ko'ral]
Tasman Sea	**Marea** (f) **Tasmaniei**	['marʲa tas'maniej]
Caribbean Sea	**Marea** (f) **Caraibelor**	['marʲa kara'ibelor]
Barents Sea	**Marea** (f) **Barents**	['marʲa ba'rents]
Kara Sea	**Marea** (f) **Kara**	['marʲa 'kara]
North Sea	**Marea** (f) **Nordului**	['marʲa 'norduluj]
Baltic Sea	**Marea** (f) **Baltică**	['marʲa 'baltikə]
Norwegian Sea	**Marea** (f) **Norvegiei**	['marʲa nor'wedʒiej]

79. Mountains

mountain	**munte** (m)	['munte]
mountain range	**lanţ** (n) **muntos**	[lants mun'tos]
mountain ridge	**lanţ** (n) **de munţi**	[lants de munts]
summit, top	**vârf** (n)	[vɪrf]
peak	**culme** (f)	['kuʌme]
foot (of mountain)	**poale** (f pl)	[po'ale]
slope (mountainside)	**pantă** (f)	['pantə]
volcano	**vulcan** (n)	[vul'kan]
active volcano	**vulcan** (n) **activ**	[vul'kan ak'tiv]
dormant volcano	**vulcan** (n) **stins**	[vul'kan stins]
eruption	**erupţie** (f)	[e'ruptsie]
crater	**crater** (n)	['krater]
magma	**magmă** (f)	['magmə]
lava	**lavă** (f)	['lavə]
molten (~ lava)	**încins**	[ɪn'tʃins]
canyon	**canion** (n)	[kani'on]
gorge	**defileu** (n)	[defi'leu]

crevice	pas (n)	[pas]
pass, col	trecătoare (f)	[trekəto'are]
plateau	podiş (n)	[po'diʃ]
cliff	stâncă (f)	['stɪŋkə]
hill	deal (n)	[dʲal]

glacier	gheţar (m)	[ge'tsar]
waterfall	cascadă (f)	[kas'kadə]
geyser	gheizer (m)	['gejzer]
lake	lac (n)	[lak]

plain	şes (n)	[ʃəs]
landscape	peisaj (n)	[pej'saʒ]
echo	ecou (n)	[e'kou]

alpinist	alpinist (m)	[alpi'nist]
rock climber	alpinist (m)	[alpi'nist]
to conquer (in climbing)	a cuceri	[a kutʃe'ri]
climb (an easy ~)	ascensiune (f)	[astʃensi'une]

80. Mountains names

Alps	Alpi (m pl)	['alpʲ]
Mont Blanc	Mont Blanc (m)	['mont 'blan]
Pyrenees	Pirinei (m)	[piri'nej]

Carpathians	Carpaţi (m pl)	[kar'pats]
Ural Mountains	Munţii (m pl) Ural	['muntsij u'ral]
Caucasus	Caucaz (m)	[kau'kaz]
Elbrus	Elbrus (m)	['elbrus]

Altai	Altai (m)	[al'taj]
Tien Shan	Tian-Şan (m)	['tʲan 'ʃan]
Pamir Mountains	Pamir (m)	[pa'mir]
Himalayas	Himalaya	[hima'laja]
Everest	Everest (m)	[ewe'rest]

| Andes | Anzi | ['anzʲ] |
| Kilimanjaro | Kilimanjaro (m) | [kiliman'ʒaro] |

81. Rivers

river	râu (n)	['rɪu]
spring (natural source)	izvor (n)	[iz'vor]
riverbed	matcă (f)	['matkə]
basin	bazin (n)	[ba'zin]
to flow into ...	a se vărsa	[a se vər'sa]
tributary	afluent (m)	[aflu'ent]

bank (of river)	mal (n)	[mal]
current, stream	curs (n)	[kurs]
downstream (adv)	în josul apei	[ɪn 'ʒosul 'apej]
upstream (adv)	în susul apei	[ɪn 'susul 'apej]

inundation	inundaţie (f)	[inun'datsie]
flooding	revărsare (f) a apelor	[revər'sare a 'apelor]
to overflow (vi)	a se revărsa	[a se revər'sa]
to flood (vt)	a inunda	[a inun'da]

| shallows (shoal) | banc (n) de nisip | [baŋk de ni'sip] |
| rapids | prag (n) | [prag] |

dam	baraj (n)	[ba'raʒ]
canal	canal (n)	[ka'nal]
artificial lake	bazin (n)	[ba'zin]
sluice, lock	ecluză (f)	[ek'luzə]

water body (pond, etc.)	bazin (n)	[ba'zin]
swamp, bog	mlaştină (f)	['mlaʃtinə]
marsh	mlaştină (f)	['mlaʃtinə]
whirlpool	vârtej (n) de apă	[vɪr'teʒ de 'apə]

stream (brook)	pârâu (n)	[pɪ'rɪu]
drinking (ab. water)	potabil	[po'tabil]
fresh (~ water)	nesărat	[nesə'rat]

| ice | gheaţă (f) | ['gʲatsə] |
| to freeze (ab. river, etc.) | a îngheţa | [a ɪŋe'tsa] |

82. Rivers' names

| Seine | Sena (f) | ['sena] |
| Loire | Loara (f) | [lo'ara] |

Thames	Tamisa (f)	[ta'misa]
Rhine	Rin (m)	[rin]
Danube	Dunăre (f)	['dunəre]

Volga	Volga (f)	['volga]
Don	Don (m)	[don]
Lena	Lena (f)	['lena]

Yellow River	Huang He (m)	[huan'he]
Yangtze	Yangtze (m)	[jants'zɪ]
Mekong	Mekong (m)	[me'koŋ]
Ganges	Gang (m)	[gaŋ]

| Nile River | Nil (m) | [nil] |
| Congo | Congo (m) | ['koŋo] |

Okavango	**Okavango** (m)	[oka'vaŋo]
Zambezi	**Zambezi** (m)	[zam'bezi]
Limpopo	**Limpopo** (m)	[limpo'po]
Mississippi River	**Mississippi** (m)	[misi'sipi]

83. Forest

forest	**pădure** (f)	[pə'dure]
forest (as adj)	**de pădure**	[de pə'dure]
thick forest	**desiş** (n)	[de'siʃ]
grove	**pădurice** (f)	[pədu'ritʃe]
forest clearing	**poiană** (f)	[po'janə]
thicket	**tufiş** (n)	[tu'fiʃ]
scrubland	**arbust** (m)	[ar'bust]
footpath (troddenpath)	**cărare** (f)	[kə'rare]
gully	**râpă** (f)	['rɪpə]
tree	**copac** (m)	[ko'pak]
leaf	**frunză** (f)	['frunzə]
leaves	**frunziş** (n)	[frun'ziʃ]
fall of leaves	**cădere** (f) **a frunzelor**	[kə'dere a 'frunzelor]
to fall (ab. leaves)	**a cădea**	[a kə'dʲa]
top (of the tree)	**vârf** (n)	[vɪrf]
branch	**ramură** (f)	['ramurə]
bough	**creangă** (f)	['krʲaŋə]
bud (on shrub, tree)	**mugur** (m)	['mugur]
needle (of pine tree)	**ac** (n)	[ak]
pine cone	**con** (n)	[kon]
hollow (in a tree)	**scorbură** (f)	['skorburə]
nest	**cuib** (n)	[kujb]
burrow (animal hole)	**vizuină** (f)	[wizu'inə]
trunk	**trunchi** (n)	[truŋkʲ]
root	**rădăcină** (f)	[rədə'tʃinə]
bark	**scoarţă** (f)	[sko'artsə]
moss	**muşchi** (m)	[muʃkʲ]
to uproot (vt)	**a defrişa**	[a defri'ʃa]
to chop down	**a tăia**	[a tə'ja]
to deforest (vt)	**a doborî**	[a dobo'rɪ]
tree stump	**buturugă** (f)	[butu'rugə]
campfire	**foc** (n)	[fok]
forest fire	**incendiu** (n)	[in'tʃendiu]

to extinguish (vt)	a stinge	[a 'stindʒe]
forest ranger	pădurar (m)	[pədu'rar]
protection	protecţie (f)	[pro'tektsie]
to protect (~ nature)	a ocroti	[a okro'ti]
poacher	braconier (m)	[brakoni'er]
trap (e.g., bear ~)	capcană (f)	[kap'kanə]
to gather, to pick (vt)	a strânge	[a 'strɪndʒe]
to lose one's way	a se rătăci	[a se rətə'tʃi]

84. Natural resources

natural resources	resurse (f pl) naturale	[re'surse natu'rale]
minerals	bogăţii (f pl) minerale	[bogə'tsij mine'rale]
deposits	zăcământ (n)	[zəkə'mɪnt]
field (e.g., oilfield)	zăcământ (n)	[zəkə'mɪnt]
to mine (extract)	a extrage	[a ekst'radʒe]
mining (extraction)	obţinere (f)	[ob'tsinere]
ore	minereu (n)	[mine'reu]
mine (e.g., for coal)	mină (f)	['minə]
mine shaft, pit	mină (f)	['minə]
miner	miner (m)	[mi'ner]
gas	gaz (n)	[gaz]
gas pipeline	conductă (f) de gaze	[kon'duktə de 'gaze]
oil (petroleum)	petrol (n)	[pet'rol]
oil pipeline	conductă (f) de petrol	[kon'duktə de pet'rol]
oil well	sondă (f) de ţiţei (n)	['sondə de tsi'tsej]
derrick	turlă (f) de foraj	['turlə de fo'raʒ]
tanker	tanc (n) petrolier	['taŋk petroli'er]
sand	nisip (n)	[ni'sip]
limestone	calcar (n)	[kal'kar]
gravel	pietriş (n)	[pet'riʃ]
peat	turbă (f)	['turbə]
clay	argilă (f)	[ar'dʒilə]
coal	cărbune (m)	[kər'bune]
iron	fier (m)	[fer]
gold	aur (n)	['aur]
silver	argint (n)	[ar'dʒint]
nickel	nichel (n)	['nikel]
copper	cupru (n)	['kupru]
zinc	zinc (n)	[ziŋk]
manganese	mangan (n)	[ma'ŋan]
mercury	mercur (n)	[mer'kur]
lead	plumb (n)	[plumb]

mineral	mineral (n)	[mine'ral]
crystal	cristal (n)	[kris'tal]
marble	marmură (f)	['marmurə]
uranium	uraniu (n)	[u'raniu]

85. Weather

weather	timp (n)	[timp]
weather forecast	prognoză (f) meteo	[prog'nozə 'meteo]
temperature	temperatură (f)	[tempera'turə]
thermometer	termometru (n)	[termo'metru]
barometer	barometru (n)	[baro'metru]

humidity	umiditate (f)	[umidi'tate]
heat (extreme ~)	caniculă (f)	[ka'nikulə]
hot (torrid)	fierbinte	[fjer'binte]
it's hot	e foarte cald	[e fo'arte kald]

| it's warm | e cald | [e kald] |
| warm (moderately hot) | cald | [kald] |

| it's cold | e frig | [e frig] |
| cold (adj) | rece | ['retʃe] |

sun	soare (n)	[so'are]
to shine (vi)	a străluci	[a strəlu'tʃi]
sunny (day)	însorit	[ɪnso'rit]
to come up (vi)	a răsări	[a rəsə'ri]
to set (vi)	a apune	[a a'pune]

cloud	nor (m)	[nor]
cloudy (adj)	înnorat	[ɪŋo'rat]
rain cloud	nor (m)	[nor]
somber (gloomy)	mohorât	[moho'rɪt]

rain	ploaie (f)	[plo'ae]
it's raining	plouă	['plouə]
rainy (day)	ploios	[ploøs]
to drizzle (vi)	a bura	[a bu'ra]

pouring rain	ploaie (f) torențială	[plo'ae torentsi'alə]
downpour	rupere (f) de nori	['rupere de 'norʲ]
heavy (e.g., ~ rain)	puternic	[pu'ternik]
puddle	băltoacă (f)	[bəlto'akə]
to get wet (in rain)	a se uda	[a se u'da]

fog (mist)	ceață (f)	['tʃatsə]
foggy	cetos	[tʃe'tsos]
snow	zăpadă (f)	[zə'padə]
it's snowing	ninge	['nindʒe]

86. Severe weather. Natural disasters

thunderstorm	furtună (f)	[fur'tunə]
lightning (~ strike)	fulger (n)	['fuldʒer]
to flash (vi)	a fulgera	[a fuldʒe'ra]

thunder	tunet (n)	['tunet]
to thunder (vi)	a tuna	[a tu'na]
it's thundering	tună	['tunə]

hail	grindină (f)	[grin'dinə]
it's hailing	plouă cu gheață	['plouə ku 'gʲatsə]

to flood (vt)	a inunda	[a inun'da]
flood, inundation	inundație (f)	[inun'datsie]

earthquake	cutremur (n)	[kut'remur]
tremor, quake	zguduire (f)	[zgudu'ire]
epicenter	epicentru (m)	[epi'tʃentru]

eruption	erupție (f)	[e'ruptsie]
lava	lavă (f)	['lavə]

twister	vârtej (n)	[vɪr'teʒ]
tornado	tornadă (f)	[tor'nadə]
typhoon	taifun (n)	[taj'fun]

hurricane	uragan (m)	[ura'gan]
storm	furtună (f)	[fur'tunə]
tsunami	tsunami (n)	[tsu'nami]

cyclone	ciclon (m)	[tʃik'lon]
bad weather	vreme (f) rea	['vreme 'rʲa]
fire (accident)	incendiu (n)	[in'tʃendiu]
disaster	catastrofă (f)	[katast'rofə]
meteorite	meteorit (m)	[meteo'rit]

avalanche	avalanșă (f)	[ava'lanʃə]
snowslide	prăbușire (f)	[prəbu'ʃire]
blizzard	viscol (n)	['wiskol]
snowstorm	viscol (n)	['wiskol]

FAUNA

87. Mammals. Predators

predator	prădător (n)	[prədə'tor]
tiger	tigru (m)	['tigru]
lion	leu (m)	['leu]
wolf	lup (m)	[lup]
fox	vulpe (f)	['vulpe]
jaguar	jaguar (m)	[ʒagu'ar]
leopard	leopard (m)	[leo'pard]
cheetah	ghepard (m)	[ge'pard]
black panther	panteră (f)	[pan'terə]
puma	pumă (f)	['pumə]
snow leopard	ghepard (m)	[ge'pard]
lynx	râs (m)	[rɪs]
coyote	coiot (m)	[koøt]
jackal	şacal (m)	[ʃa'kal]
hyena	hienă (f)	[hi'enə]

88. Wild animals

animal	animal (n)	[ani'mal]
beast (animal)	animal (n) sălbatic	[ani'mal səl'batik]
squirrel	veveriţă (f)	[wewe'ritsə]
hedgehog	arici (m)	[a'ritʃ]
hare	iepure (m)	['epure]
rabbit	iepure (m) de casă	['epure de 'kasə]
badger	bursuc (m)	[bur'suk]
raccoon	enot (m)	[e'not]
hamster	hârciog (m)	[hɪr'tʃog]
marmot	marmotă (f)	[mar'motə]
mole	cârtiţă (f)	['kɪrtitsə]
mouse	şoarece (m)	[ʃo'aretʃe]
rat	şobolan (m)	[ʃobo'lan]
bat	liliac (m)	[lili'ak]
ermine	hermină (f)	[her'minə]
sable	samur (m)	[sa'mur]

marten	jder (m)	[ʒder]
weasel	nevăstuică (f)	[nevəs'tujkə]
mink	nurcă (f)	['nurkə]
beaver	castor (m)	['kastor]
otter	vidră (f)	['widrə]
horse	cal (m)	[kal]
moose	elan (m)	[e'lan]
deer	cerb (m)	[tʃerb]
camel	cămilă (f)	[kə'milə]
bison	bizon (m)	[bi'zon]
aurochs	zimbru (m)	['zimbru]
buffalo	bivol (m)	['bivol]
zebra	zebră (f)	['zebrə]
antelope	antilopă (f)	[anti'lopə]
roe deer	căprioară (f)	[kəprio'arə]
fallow deer	ciută (f)	['tʃutə]
chamois	capră (f) neagră	['kaprə 'ɲagrə]
wild boar	mistreț (m)	[mist'rets]
whale	balenă (f)	[ba'lenə]
seal	focă (f)	['fokə]
walrus	morsă (f)	['morsə]
fur seal	urs (m) de mare	[urs de 'mare]
dolphin	delfin (m)	[del'fin]
bear	urs (m)	[urs]
polar bear	urs (m) polar	[urs po'lar]
panda	panda (m)	['panda]
monkey	maimuță (f)	[maj'mutsə]
chimpanzee	cimpanzeu (m)	[tʃimpan'zeu]
orangutan	urangutan (m)	[uraŋu'tan]
gorilla	gorilă (f)	[go'rilə]
macaque	macac (m)	[ma'kak]
gibbon	gibon (m)	[dʒi'bon]
elephant	elefant (m)	[ele'fant]
rhinoceros	rinocer (m)	[rino'tʃer]
giraffe	girafă (f)	[dʒi'rafə]
hippopotamus	hipopotam (m)	[hipopo'tam]
kangaroo	cangur (m)	['kaŋur]
koala (bear)	koala (f)	[ko'ala]
mongoose	mangustă (f)	[ma'ŋustə]
chinchilla	şinşilă (f)	[ʃin'ʃilə]
skunk	sconcs (m)	[skoŋks]
porcupine	porc (m) spinos	[pork spi'nos]

89. Domestic animals

cat	pisică (f)	[pi'sikə]
tomcat	motan (m)	[mo'tan]
horse	cal (m)	[kal]
stallion	armăsar (m)	[armə'sar]
mare	iapă (f)	['japə]
cow	vacă (f)	['vakə]
bull	taur (m)	['taur]
ox	bou (m)	['bou]
sheep	oaie (f)	[o'ae]
ram	berbec (m)	[ber'bek]
goat	capră (f)	['kaprə]
billy goat, he-goat	țap (m)	[tsap]
donkey	măgar (m)	[mə'gar]
mule	catâr (m)	[ka'tır]
pig	porc (m)	[pork]
piglet	purcel (m)	[pur'tʃel]
rabbit	iepure (m) de casă	['epure de 'kasə]
hen (chicken)	găină (f)	[gə'inə]
rooster	cocoș (m)	[ko'koʃ]
duck	rață (f)	['ratsə]
drake	rățoi (m)	[rə'tsoj]
goose	gâscă (f)	['gıskə]
tom turkey	curcan (m)	[kur'kan]
turkey (hen)	curcă (f)	['kurkə]
domestic animals	animale (n pl) domestice	[ani'male do'mestitʃe]
tame (e.g., ~ hamster)	domestic	[do'mestik]
to tame (vt)	a domestici	[a domesti'tʃi]
to breed (vt)	a crește	[a 'kreʃte]
farm	fermă (f)	['fermə]
poultry	păsări (f pl) de curte	[pəsərʲ de 'kurte]
cattle	vite (f pl)	['wite]
herd (cattle)	turmă (f)	['turmə]
stable	grajd (n)	[graʒd]
pigsty	cocină (f) de porci	[ko'tʃinə de 'portʃ]
cowshed	grajd (n) pentru vaci	['graʒd 'pentru 'vatʃ]
rabbit hutch	cușcă (f) pentru iepuri	['kuʃkə 'pentru 'epurʲ]
hen house	coteț (n) de găini	[ko'tets de gə'iɲ]

90. Birds

bird	pasăre (f)	['pasəre]
pigeon	porumbel (m)	[porum'bel]
sparrow	vrabie (f)	['vrabie]
tit	pițigoi (m)	[pitsi'goj]
magpie	coțofană (f)	[kotso'fanə]
raven	corb (m)	[korb]
crow	cioară (f)	[ʧo'arə]
jackdaw	stancă (f)	['staŋkə]
rook	cioară (f) de câmp	[ʧo'arə de 'kımp]
duck	rață (f)	['ratsə]
goose	gâscă (f)	['gıskə]
pheasant	fazan (m)	[fa'zan]
eagle	acvilă (f)	['akwilə]
hawk	uliu (m)	['uly]
falcon	șoim (m)	[ʃojm]
vulture	vultur (m)	['vuʌtur]
condor (Andean ~)	condor (m)	[kon'dor]
swan	lebădă (f)	['lebədə]
crane	cocor (m)	[ko'kor]
stork	cocostârc (m)	[kokos'tırk]
parrot	papagal (m)	[papa'gal]
hummingbird	pasărea (f) colibri	['pasərıa ko'libri]
peacock	păun (m)	[pə'un]
ostrich	struț (m)	[struts]
heron	stârc (m)	[stırk]
flamingo	flamingo (m)	[fla'miŋo]
pelican	pelican (m)	[peli'kan]
nightingale	privighetoare (f)	[priwigeto'are]
swallow	rândunică (f)	[rındu'nikə]
thrush	mierlă (f)	['merlə]
song thrush	sturz-cântător (m)	[sturz kıntə'tor]
blackbird	mierlă (f) sură	['merlə 'surə]
swift	lăstun (m)	[ləs'tun]
lark	ciocârlie (f)	[ʧokır'lie]
quail	prepeliță (f)	[prepe'litsə]
woodpecker	ciocănitoare (f)	[ʧokənito'are]
cuckoo	cuc (m)	[kuk]
owl	bufniță (f)	['bufnitsə]
eagle owl	bufniță (f)	['bufnitsə]

wood grouse	cocoș (m) de munte	[ko'koʃ de 'munte]
black grouse	cocoș (m) sălbatic	[ko'koʃ səlba'tik]
partridge	potârniche (f)	[potɪr'nike]
starling	graur (m)	['graur]
canary	canar (m)	[ka'nar]
hazel grouse	găinușă de alun (f)	[gəi'nuʃə de a'lun]
chaffinch	cinteză (f)	[tʃin'tezə]
bullfinch	botgros (m)	[botg'ros]
seagull	pescăruș (m)	[peskə'ruʃ]
albatross	albatros (m)	[albat'ros]
penguin	pinguin (m)	[pigu'in]

91. Fish. Marine animals

bream	plătică (f)	[plə'tikə]
carp	crap (m)	[krap]
perch	biban (m)	[bi'ban]
catfish	somn (m)	[somn]
pike	știucă (f)	['ʃtykə]
salmon	somon (m)	[so'mon]
sturgeon	nisetru (m)	[ni'setru]
herring	scrumbie (f)	[skrum'bie]
Atlantic salmon	somon (m)	[so'mon]
mackerel	macrou (n)	[mak'rou]
flatfish	cambulă (f)	[kam'bulə]
zander, pike perch	șalău (m)	[ʃaləu]
cod	batog (m)	[ba'tog]
tuna	ton (m)	[ton]
trout	păstrăv (m)	[pəst'rəv]
eel	țipar (m)	[tsi'par]
electric ray	pește-torpilă (m)	['peʃte tor'pilə]
moray eel	murenă (f)	[mu'renə]
piranha	piranha (f)	[pi'ranija]
shark	rechin (m)	[re'kin]
dolphin	delfin (m)	[del'fin]
whale	balenă (f)	[ba'lenə]
crab	crab (m)	[krab]
jellyfish	meduză (f)	[me'duzə]
octopus	caracatiță (f)	[kara'katitsə]
starfish	stea de mare (f)	[st'a de 'mare]
sea urchin	arici de mare (m)	[a'ritʃ de 'mare]

seahorse	căluţ (m) de mare (f)	[ka'luts de 'mare]
oyster	stridie (f)	['stridie]
shrimp	crevetă (f)	[kre'wetə]
lobster	stacoj (m)	[sta'koʒ]
spiny lobster	langustă (f)	[la'ŋustə]

92. Amphibians. Reptiles

snake	şarpe (m)	['ʃarpe]
venomous (snake)	veninos	[weni'nos]
viper	viperă (f)	['wiperə]
cobra	cobră (f)	['kobrə]
python	piton (m)	[pi'ton]
boa	şarpe (m) boa	['ʃarpe bo'a]
grass snake	şarpe (m) de casă	['ʃarpe de 'kasə]
rattle snake	şarpe (m) cu clopoţei	['ʃarpe ku klopo'tsej]
anaconda	anacondă (f)	[ana'kondə]
lizard	şopârlă (f)	[ʃo'pırlə]
iguana	iguană (f)	[igu'anə]
monitor lizard	şopârlă (f)	[ʃo'pırlə]
salamander	salamandră (f)	[sala'mandrə]
chameleon	cameleon (m)	[kamele'on]
scorpion	scorpion (m)	[skorpi'on]
turtle	broască (f) ţestoasă	[bro'askə tsesto'asə]
frog	broască (f)	[bro'askə]
toad	broască (f) râioasă	[bro'askə rıø'asə]
crocodile	crocodil (m)	[kroko'dil]

93. Insects

insect, bug	insectă (f)	[in'sektə]
butterfly	fluture (m)	['fluture]
ant	furnică (f)	[fur'nikə]
fly	muscă (f)	['muskə]
mosquito	ţânţar (m)	[tsın'tsar]
beetle	gândac (m)	[gın'dak]
wasp	viespe (f)	['wespe]
bee	albină (f)	[al'binə]
bumblebee	bondar (m)	[bon'dar]
gadfly	tăun (m)	[tə'un]
spider	păianjen (m)	[pə'janʒen]
spider's web	pânză (f) de păianjen	['pınzə de pə'janʒen]

| dragonfly | libelulă (f) | [libe'lulə] |
| grasshopper | greier (m) | ['gre:r] |
| moth (night butterfly) | fluture (m) | ['fluture] |//
cockroach	gândac (m)	[gɪn'dak]
tick	căpușă (f)	[kə'puʃə]
flea	purice (m)	['puritʃe]
midge	musculiță (f)	[musku'litsə] |//
locust	lăcustă (f)	[lə'kustə]
snail	melc (m)	[melk]
cricket	greier (m)	['gre:r]
lightning bug	licurici (m)	[liku'ritʃ]
ladybug	buburuză (f)	[bubu'ruzə]
cockchafer	cărăbuș (m)	[kərə'buʃ] |//
leech	lipitoare (f)	[lipito'are]
caterpillar	omidă (f)	[o'midə]
earthworm	vierme (m)	['werme]
larva	larvă (f)	['larvə]

FLORA

94. Trees

tree	copac (m)	[ko'pak]
deciduous (adj)	foios	[foøs]
coniferous (adj)	conifer	[koni'fere]
evergreen (adj)	veşnic verde	['weʃnik 'werde]
apple tree	măr (m)	[mər]
pear tree	păr (m)	[pər]
sweet cherry tree	cireş (m)	[ʧi'reʃ]
sour cherry tree	vişin (m)	['wiʃin]
plum tree	prun (m)	[prun]
birch	mesteacăn (m)	[mes'tʲakən]
oak	stejar (m)	[ste'ʒar]
linden tree	tei (m)	[tej]
aspen	plop tremurător (m)	['plop tremurə'tor]
maple	arţar (m)	[ar'tsar]
spruce	brad (m)	[brad]
pine	pin (m)	[pin]
larch	zadă (f)	['zadə]
fir tree	brad (m) alb	['brad 'alb]
cedar	cedru (m)	['ʧedru]
poplar	plop (m)	[plop]
rowan	sorb (m)	[sorb]
willow	salcie (f)	['salʧie]
alder	arin (m)	[a'rin]
beech	fag (m)	[fag]
elm	ulm (m)	[ulm]
ash (tree)	frasin (m)	['frasin]
chestnut	castan (m)	[kas'tan]
magnolia	magnolie (f)	[mag'nolie]
palm tree	palmier (m)	[palmi'er]
cypress	chiparos (m)	[kipa'ros]
mangrove	manglier (m)	[maŋli'er]
baobab	baobab (m)	[bao'bab]
eucalyptus	eucalipt (m)	[euka'lipt]
sequoia	secvoia (m)	[sek'voja]

95. Shrubs

bush	tufă (f)	['tufə]
shrub	arbust (m)	[ar'bust]
grapevine	viță (f) de vie	['witsə de 'wie]
vineyard	vie (f)	['wie]
raspberry bush	zmeură (f)	['zmeurə]
redcurrant bush	coacăz (m) roșu	[ko'akəz 'roʃu]
gooseberry bush	agriș (m)	[ag'riʃ]
acacia	salcâm (m)	[sal'kɪm]
barberry	lemn (m) galben	['lemn 'galben]
jasmine	iasomie (f)	[jaso'mie]
juniper	ienupăr (m)	[e'nupər]
rosebush	tufă (f) de trandafir	['tufə de tranda'fir]
dog rose	măceș (m)	[mə'tʃeʃ]

96. Fruits. Berries

apple	măr (n)	[mər]
pear	pară (f)	['parə]
plum	prună (f)	['prunə]
strawberry	căpșună (f)	[kəp'ʃunə]
sour cherry	vișină (f)	['wiʃinə]
sweet cherry	cireașă (f)	[tʃi'rʲaʃə]
grape	struguri (m pl)	['strugurʲ]
raspberry	zmeură (f)	['zmeurə]
blackcurrant	coacăză (f) neagră	[ko'akəzə 'ɲagrə]
redcurrant	coacăză (f) roșie	[ko'akəze 'roʃie]
gooseberry	agrișă (f)	[ag'riʃə]
cranberry	răchițele (f pl)	[rəki'tsele]
orange	portocală (f)	[porto'kalə]
mandarin	mandarină (f)	[manda'rinə]
pineapple	ananas (m)	[ana'nas]
banana	banană (f)	[ba'nanə]
date	curmală (f)	[kur'malə]
lemon	lămâie (f)	[lə'mɪe]
apricot	caisă (f)	[ka'isə]
peach	piersică (f)	['pjersikə]
kiwi	kiwi (n)	['kiwi]
grapefruit	grepfrut (n)	['grepfrut]
berry	boabă (f)	[bo'abə]

berries	fructe (n pl) de pădure	['frukte de pə'dure]
cowberry	merişor (m)	[meri'ʃor]
field strawberry	frag (m)	[frag]
bilberry	afină (f)	[a'finə]

97. Flowers. Plants

| flower | floare (f) | [flo'are] |
| bouquet (of flowers) | buchet (n) | [bu'ket] |

rose (flower)	trandafir (m)	[tranda'fir]
tulip	lalea (f)	[la'ʎa]
carnation	garoafă (f)	[garo'afə]
gladiolus	gladiolă (f)	[gladi'olə]

cornflower	albăstrea (f)	[albəst'r'a]
bluebell	clopoţel (m)	[klopo'ʦel]
dandelion	păpădie (f)	[pəpə'die]
camomile	romaniţă (f)	[roma'niʦə]

aloe	aloe (f)	[a'loe]
cactus	cactus (m)	['kaktus]
rubber plant, ficus	ficus (m)	['fikus]

lily	crin (m)	[krin]
geranium	muşcată (f)	[muʃ'katə]
hyacinth	zambilă (f)	[zam'bilə]

mimosa	mimoză (f)	[mi'mozə]
narcissus	narcisă (f)	[nar'ʧisə]
nasturtium	condurul-doamnei (m)	[kon'durul do'amnej]

orchid	orhidee (f)	[orhi'de:]
peony	bujor (m)	[bu'ʒor]
violet	toporaş (m)	[topo'raʃ]

pansy	pansele (f)	[pan'sele]
forget-me-not	nu-mă-uita (f)	[nu mə uj'ta]
daisy	margaretă (f)	[marga'retə]

poppy	mac (m)	[mak]
hemp	cânepă (f)	['kınepə]
mint	mentă (f)	['mentə]

| lily of the valley | lăcrămioară (f) | [ləkrəmʲo'are] |
| snowdrop | ghiocel (m) | [gio'ʧel] |

nettle	urzică (f)	[ur'zikə]
sorrel	măcriş (m)	[mək'riʃ]
water lily	nufăr (m)	['nufər]

| fern | ferigă (f) | ['ferigə] |
| lichen | lichen (m) | [li'ken] |

tropical greenhouse	seră (f)	['serə]
grass lawn	gazon (n)	[ga'zon]
flowerbed	strat (n) de flori	['strat de 'flor']

plant	plantă (f)	['plantə]
grass, herb	iarbă (f)	['jarbə]
blade of grass	fir (n) de iarbă	[fir de 'jarbə]

leaf	frunză (f)	['frunzə]
petal	petală (f)	[pe'talə]
stem	tulpină (f)	[tul'pinə]
tuber	tubercul (m)	[tu'berkul]

| young plant (shoot) | mugur (m) | ['mugur] |
| thorn | ghimpe (m) | ['gimpe] |

to blossom (vi)	a înflori	[a ınflo'ri]
to fade, to wither	a se ofili	[a se ofe'li]
smell (odor)	miros (n)	[mi'ros]
to cut (flowers)	a tăia	[a tə'ja]
to pick (a flower)	a rupe	[a 'rupe]

98. Cereals, grains

grain	grăunțe (n pl)	[grə'untse]
cereal crops	cereale (f pl)	[tʃere'ale]
ear (of barley, etc.)	spic (n)	[spik]

wheat	grâu (n)	['grıu]
rye	secară (f)	[se'karə]
oats	ovăz (n)	[ovəz]
millet	mei (m)	[mej]
barley	orz (n)	[orz]

corn	porumb (m)	[po'rumb]
rice	orez (n)	[o'rez]
buckwheat	hrișcă (f)	['hriʃkə]

pea plant	mazăre (f)	['mazəre]
kidney bean	fasole (f)	[fa'sole]
soy	soia (f)	['soja]
lentil	linte (n)	['linte]
beans (pulse crops)	boabe (f pl)	[bo'abe]

COUNTRIES OF THE WORLD

99. Countries. Part 1

Afghanistan	**Afganistan** (n)	[afganis'tan]
Albania	**Albania** (f)	[al'banija]
Argentina	**Argentina** (f)	[arʒen'tina]
Armenia	**Armenia** (f)	[ar'menia]
Australia	**Australia** (f)	[aust'ralija]
Austria	**Austria** (f)	[a'ustrija]
Azerbaijan	**Azerbaidjan** (m)	[azerbaj'dʒan]
The Bahamas	**Insulele** (f pl) **Bahamas**	['insulele ba'hamas]
Bangladesh	**Bangladeş** (m)	[baŋla'deʃ]
Belarus	**Belarus** (f)	[bela'rus]
Belgium	**Belgia** (f)	['beldʒia]
Bolivia	**Bolivia** (f)	[bo'liwija]
Bosnia-Herzegovina	**Bosnia şi Herţegovina** (f)	['bosnija ʃi hertsego'wina]
Brazil	**Brazilia** (f)	[bra'zilia]
Bulgaria	**Bulgaria** (f)	[bul'garia]
Cambodia	**Cambodgia** (f)	[kam'bodʒia]
Canada	**Canada** (f)	[ka'nada]
Chile	**Chile** (n)	['tʃile]
China	**China** (f)	['kina]
Colombia	**Columbia** (f)	[ko'lumbia]
Croatia	**Croaţia** (f)	[kro'atsia]
Cuba	**Cuba** (f)	['kuba]
Cyprus	**Cipru** (n)	['tʃipru]
Czech Republic	**Cehia** (f)	['tʃehija]
Denmark	**Danemarca** (f)	[dane'marka]
Dominican Republic	**Republica** (f) **Dominicană**	[re'publika domini'kanə]
Ecuador	**Ecuador** (m)	[ekua'dor]
Egypt	**Egipt** (n)	[e'dʒipt]
England	**Anglia** (f)	['aŋlija]
Estonia	**Estonia** (f)	[es'tonia]
Finland	**Finlanda** (f)	[fin'landa]
France	**Franţa** (f)	['frantsa]
French Polynesia	**Polinezia** (f)	[poli'nezia]
Georgia	**Georgia** (f)	['dʒordʒija]
Germany	**Germania** (f)	[dʒer'manija]
Ghana	**Ghana** (f)	['gana]
Great Britain	**Marea Britanie** (f)	['marʲa bri'tanie]
Greece	**Grecia** (f)	['gretʃia]

| Haiti | Haiti (n) | [ha'iti] |
| Hungary | Ungaria (f) | [u'ŋaria] |

100. Countries. Part 2

Iceland	Islanda (f)	[is'landa]
India	India (f)	['india]
Indonesia	Indonezia (f)	[indo'nezia]
Iran	Iran (n)	[i'ran]
Iraq	Irak (n)	[i'rak]
Ireland	Irlanda (f)	[ir'landa]
Israel	Israel (n)	[isra'el]
Italy	Italia (f)	[i'talia]

Jamaica	Jamaica (f)	[ʒa'majka]
Japan	Japonia (f)	[ʒa'ponia]
Jordan	Iordania (f)	[ør'danija]
Kazakhstan	Kazahstan (n)	[kazahs'tan]
Kenya	Kenia (f)	['kenija]
Kirghizia	Kîrgîzstan (m)	[kɪrgɪzɪs'tan]
Kuwait	Kuweit (n)	[kuwe'it]

Laos	Laos (n)	['laos]
Latvia	Letonia (f)	[le'tonia]
Lebanon	Liban (n)	[li'ban]
Libya	Libia (f)	['libia]
Liechtenstein	Liechtenstein (m)	[lihtenʃ'tajn]
Lithuania	Lituania (f)	[litu'ania]
Luxembourg	Luxemburg (m)	[luksem'burg]

Macedonia	Macedonia (f)	[matʃe'donija]
Madagascar	Madagascar (n)	[madagas'kar]
Malaysia	Malaezia (f)	[mala'ezia]
Malta	Malta (f)	['malta]
Mexico	Mexic (n)	['meksik]
Moldavia	Moldova (f)	[mol'dova]

Monaco	Monaco (m)	[mo'nako]
Mongolia	Mongolia (f)	[mo'ŋolia]
Montenegro	Muntenegru (m)	[munte'negru]

| Morocco | Maroc (n) | [ma'rok] |
| Myanmar | Myanmar (m) | [mjan'mar] |

Namibia	Namibia (f)	[na'mibia]
Nepal	Nepal (n)	[ne'pal]
Netherlands	Olanda (f)	[o'landa]
New Zealand	Noua Zeelandă (f)	['noua zeː'landə]
North Korea	Coreea (f) de Nord	[ko'reja de 'nord]
Norway	Norvegia (f)	[nor'wedʒia]

101. Countries. Part 3

Pakistan	**Pakistan** (n)	[pakis'tan]
Palestine	**Palestina** (f) **autonomă**	[pales'tina auto'nomə]
Panama	**Panama** (f)	[pana'ma]
Paraguay	**Paraguay** (n)	[paragu'aj]
Peru	**Peru** (n)	['peru]
Poland	**Polonia** (f)	[po'lonia]
Portugal	**Portugalia** (f)	[portu'galia]
Romania	**România** (f)	[romɪnia]
Russia	**Rusia** (f)	['rusia]
Saudi Arabia	**Arabia** (f) **Saudită**	[a'rabia sau'ditə]
Scotland	**Scoţia** (f)	['skotsia]
Senegal	**Senegal** (n)	[sene'gal]
Serbia	**Serbia** (f)	['serbija]
Slovakia	**Slovacia** (f)	[slo'vatʃia]
Slovenia	**Slovenia** (f)	[slo'wenia]
South Africa	**Africa de Sud** (f)	['afrika de sud]
South Korea	**Coreea** (f) **de Sud**	[ko'reja de 'sud]
Spain	**Spania** (f)	['spania]
Suriname	**Surinam** (n)	[suri'nam]
Sweden	**Suedia** (f)	[su'edia]
Switzerland	**Elveţia** (f)	[el'wetsia]
Syria	**Siria** (f)	['sirija]
Taiwan	**Taiwan** (m)	[taj'van]
Tajikistan	**Tadjikistan** (m)	[tadʒikis'tan]
Tanzania	**Tanzania** (f)	[tan'zania]
Tasmania	**Tasmania** (f)	[tas'mania]
Thailand	**Thailanda** (f)	[taj'landa]
Tunisia	**Tunisia** (f)	[tu'nisia]
Turkey	**Turcia** (f)	['turtʃia]
Turkmenistan	**Turkmenistan** (n)	[turkmenis'tan]
Ukraine	**Ucraina** (f)	[ukra'ina]
United Arab Emirates	**Emiratele** (n pl) **Arabe Unite**	[emi'ratele a'rabe u'nite]
United States of America	**Statele** (n pl) **Unite ale Americii**	['statele u'nite ale a'meritʃij]
Uruguay	**Uruguay** (n)	[urugu'aj]
Uzbekistan	**Uzbekistan** (n)	[uzbekis'tan]
Vatican	**Vatican** (m)	[vati'kan]
Venezuela	**Venezuela** (f)	[wenezu'ela]
Vietnam	**Vietnam** (n)	[wiet'nam]
Zanzibar	**Zanzibar** (n)	[zanzi'bar]

Printed in Great Britain
by Amazon